MANUAL DOS SUPERSINAIS
DA ANÁLISE TÉCNICA

MANUAL DOS
SUPERSINAIS
DA ANÁLISE TÉCNICA

Guia completo para Investimentos Lucrativos na Bolsa de Valores

Carlos Martins

ALTA BOOKS
EDITORA
Rio de Janeiro, 2020

Manual dos Supersinais da Análise Técnica
Copyright © 2020 da Starlin Alta Editora e Consultoria Eireli. ISBN: 978-85-508-1376-9

Todos os direitos estão reservados e protegidos por Lei. Nenhuma parte deste livro, sem autorização prévia por escrito da editora, poderá ser reproduzida ou transmitida. A violação dos Direitos Autorais é crime estabelecido na Lei nº 9.610/98 e com punição de acordo com o artigo 184 do Código Penal.

A editora não se responsabiliza pelo conteúdo da obra, formulada exclusivamente pelo(s) autor(es).

Marcas Registradas: Todos os termos mencionados e reconhecidos como Marca Registrada e/ou Comercial são de responsabilidade de seus proprietários. A editora informa não estar associada a nenhum produto e/ou fornecedor apresentado no livro.

Impresso no Brasil — 1ª Edição, 2020 — Edição revisada conforme o Acordo Ortográfico da Língua Portuguesa de 2009.

Produção Editorial Editora Alta Books	**Produtor Editorial** Illysabelle Trajano Juliana de Oliveira	**Marketing Editorial** Lívia Carvalho marketing@altabooks.com.br	**Editor de Aquisição** José Rugeri j.rugeri@altabooks.com.br
Gerência Editorial Anderson Vieira	Thiê Alves	**Coordenação de Eventos** Viviane Paiva	
Gerência Comercial Daniele Fonseca	**Assistente Editorial** Keyciane Botelho	eventos@altabooks.com.br	
Equipe Editorial Ian Verçosa Maria de Lourdes Borges Raquel Porto Rodrigo Dutra Thales Silva	**Equipe Design** Larissa Lima Paulo Gomes		
Revisão Gramatical Luciano Gonçalves Luis Valderato	**Diagramação** Luisa Maria Gomes	**Capa** Rogério Gerencer Passo	

Publique seu livro com a Alta Books. Para mais informações envie um e-mail para autoria@altabooks.com.br

Obra disponível para venda corporativa e/ou personalizada. Para mais informações, fale com projetos@altabooks.com.br

Erratas e arquivos de apoio: No site da editora relatamos, com a devida correção, qualquer erro encontrado em nossos livros, bem como disponibilizamos arquivos de apoio se aplicáveis à obra em questão.

Acesse o site **www.altabooks.com.br** e procure pelo título do livro desejado para ter acesso às erratas, aos arquivos de apoio e/ou a outros conteúdos aplicáveis à obra.

Suporte Técnico: A obra é comercializada na forma em que está, sem direito a suporte técnico ou orientação pessoal/exclusiva ao leitor.

A editora não se responsabiliza pela manutenção, atualização e idioma dos sites referidos pelos autores nesta obra.

Ouvidoria: ouvidoria@altabooks.com.br

Dados Internacionais de Catalogação na Publicação (CIP) de acordo com ISBD

M386m   Martins, Carlos Felipe Pinto

         Manual dos Supersinais da Análise Técnica / Carlos Felipe Pinto Martins. - Rio de Janeiro : Alta Books, 2020.
         160 p. : il. ; 16cm x 23cm.

         Inclui índice.
         ISBN: 978-85-508-1376-9

         1. Administração. 2. Análise Técnica. 3. Cotações. 4. Ativos. I. Título.

2020-1207   CDD 658.401
                     CDU 658.011.2

Elaborado por Vagner Rodolfo da Silva - CRB-8/9410

Rua Viúva Cláudio, 291 — Bairro Industrial do Jacaré
CEP: 20.970-031 — Rio de Janeiro (RJ)
Tels.: (21) 3278-8069 / 3278-8419
www.altabooks.com.br — altabooks@altabooks.com.br
www.facebook.com/altabooks — www.instagram.com/altabooks

"À minha mãe, minha mulher e meus filhos, Felipe e Isabella
pelo apoio e inspiração de todos os dias."

PREFÁCIO À SEGUNDA EDIÇÃO

A PRIMEIRA VERSÃO DESTE LIVRO foi escrita em 2009, há exatos dez anos. Por isso, na revisão para esta nova edição foi necessário tomar uma decisão entre manter os textos de exemplos com os dados originais daquela época ou atualizá-los com gráficos mais atuais. Pensando bem sobre o assunto decidi manter os exemplos originais, pois o livro está muito bem amarrado com eles e também porque o propósito do livro é ser atemporal, com indicadores que possam ser usados por qualquer pessoa em qualquer ativo que esteja sendo estudado em qualquer tempo. Após dez anos o livro continua sendo atual, com muitas informações importantíssimas aos que desejam entender mais sobre análise técnica e o mais importante, em uma época em que a informação está toda grátis na web, um guia roteirizado e escrito para ser um manual nativo tem muito mais valor em seu formato original.

A tecnologia evoluiu muito nestes anos e hoje em dia muitos dos indicadores mostrados neste livro tornaram-se robôs que atuam de forma automática no mercado financeiro, sendo usados por uma vasta gama de investidores, desde profissionais de mercado e fundos de investimento até pessoas comuns que só querem complementar sua renda ou simplesmente investir melhor. Nas próximas páginas você vai ler toda uma teoria que em uma década se tornou uma máquina com vida própria, espero que isso te inspire a dar valor aos aspectos técnicos, pois na bolsa tudo o que importa é você saber o que está fazendo, sempre. Embora muita gente vá te dizer que a bolsa de valores é um cassino, isso é errado, bolsa não é cassino, lá existem regras que se repetem por definição, por legislação e por estatística, e só as aproveita quem sabe que elas existem.

Este livro aborda também gerenciamento de risco, então para aqueles que ainda vão começar eu deixo a mais importante das dicas, um jargão conhecido do mercado financeiro. Não há nenhum problema em se arriscar em nada na vida, desde que não se arrisque tudo. Bons estudos!

CARLOS MARTINS

Autor

SUMÁRIO

Introdução   1

Ações e Especulação   3
A Tomada de Decisão   5

1. Iniciando a Análise Técnica   11

O Que é Análise Técnica   11
Teoria de Dow   13
Topos e Fundos: Força e Fraqueza
    de Tendências   18
Suporte e Resistência   21
Figuras   26
Médias Móveis   34
MACD   38
Índice de Força Relativa   43
Fibonacci   45
Ponto de Pivot   51
O Patamar Correto do STOP   53

2. Indicadores Avançados 57

Agulhadas – Didi Index 57
Bandas de Bollinger 60
GAPs e Ilhas de Reversão 62
Movimento Direcional (DMI) 69
Estocástico 71
Parabólico SAR (Stop and Reverse) 75

3. Os Supersinais 79

O Supersinal 84
Acumulação Estatística 87
Superacumulação Estatística 89
Super MMS – Gráficos Intraday 91
Super MMS – Gráficos Semanais 94
Super MMS – Diário 99
Supercandlesticks – Três Padrões de
  Alto Desempenho 101

4. Estratégias de Operação 115

Day Trade: Boas Práticas 115
Day Trade: Exemplo 117
Swing Trade 122
Método CM para Swing Trade 124
Alternativas para Rentabilizar Carteiras 135

Da Teoria à Prática 139
Índice 145

INTRODUÇÃO

APÓS ALGUNS ANOS CONVIVENDO com investidores brasileiros de todos os níveis, comecei a perceber que há um padrão de conhecimento e uma expectativa comum a todos, que é normalmente dar demasiada importância aos detalhes da análise de ações e ignorar o gerenciamento do dinheiro. Por isso, escrevi este livro, que visa aliar os conhecimentos técnicos da análise gráfica de ações a algumas informações sobre o gerenciamento dos investimentos, como a tomada de decisão na hora de operar e as informações necessárias acerca das melhores práticas na hora de investir.

Começaremos explicando conceitos básicos sobre o mercado de ações, algumas questões que todos deveriam saber, mas que a maioria, mesmo após anos investindo na bolsa, ainda não sabe. Isso ajuda muito na hora de decidir se vale a pena ou não comprar a ação de determinada empresa e se seu perfil está mais próximo das ações com muita ou pouca variação diária. Portanto, recomendo que o Capítulo 1 seja lido com atenção, pois os alicerces para uma boa análise técnica dependem também de conceitos básicos, não apenas de conhecimento avançado, como muita gente acredita.

Este livro foi dividido em quatro capítulos, que podem ser lidos em sequência ou separadamente, servindo para consultas pontuais ao investidor. No Capítulo 1, apresentaremos os conceitos básicos a respeito do mercado de ações e os indicadores mais comuns utilizados em análises técnicas. Além disso, abordaremos um assunto muito importante, que são as ordens STOP. No Capítulo 2, veremos indicadores mais avançados e também conceitos de operações de reversão, em que vendemos para lucrar com a queda das ações. O Capítulo 3 trata exclusivamente de uma nova geração de indicadores, os Supersinais. Criados por mim, eles aliam regras matemáticas a regras lógicas de operação do dia a dia e fundem diversos conceitos vistos no Capítulo 1 em uma única regra automatizada de compra e venda, facilitando e disciplinando nossos investimentos em bolsa. Para concluir, no Capítulo 4 veremos detalhes sobre o *day trade* e as escolhas feitas na hora de operar, além de apresentar um novo jeito de comprar e vender, o *swing trade*. Essa modalidade de investimento de poucos dias tornou-se muito comum após a crise financeira dos Estados Unidos em 2008. Será abordada com um método exclusivo e abrangente denominado **Método CM** – também criado por mim durante esses anos de sobe e desce bruscos na bolsa –, que ensina a ganhar no curto prazo com a volatilidade das ações. Terminamos com as alternativas para rentabilizar carteiras, com o objetivo de abrir os horizontes do investidor para o maior número possível de operações, visando sempre maximizar os lucros.

Ações e Especulação

Depois de tantos anos vivenciando dúvidas de todos os tipos entre os investidores, seria leviano de minha parte escrever um livro sem antes poupar os leitores da culpa. Isso mesmo, os investidores, principalmente os iniciantes, mas também alguns mais experientes, sentem culpa por ganhar dinheiro na bolsa. Não raro, deixam de realizar alguma operação que daria muito lucro por não acharem justo com a outra parte, que seria, pela lógica deles, a parte perdedora.

Devo alertar para o fato de que não existe espaço para culpa no mercado de ações, não por sermos pessoas levianas, mas porque ninguém impõe o prejuízo a ninguém. Quando você compra uma ação, pode estar participando do lucro ou do prejuízo da outra parte, da mesma forma que, quando vende uma ação, alguém participa do seu lucro ou do seu prejuízo sem saber. Você **nunca** vai saber se a outra parte está ganhando ou perdendo; portanto, tomar decisões preocupado com isso é uma perda de tempo – e dinheiro – enorme.

Outra informação importante quando pensamos em lucros dentro do mercado de ações é que ele foi desenvolvido para que os investidores pudessem especular e ter lucro. As empresas precisam de financiamento. Para conseguir dinheiro sem ter de pagar juros aos bancos, elas vendem ações no mercado e se capitalizam de forma definitiva, sem prazos para devolver o dinheiro ou custos de juros atrapalhando o fluxo de caixa. Se uma empresa quisesse vender ações mas os compradores não tivessem nenhum local para poder revender essas ações no futuro, ou ainda comprar mais, seria muito difícil encontrar investidores, pois quem quer comprar algo que não sabe se poderá vender no futuro?

Dessa forma, para viabilizar o **mercado primário** de venda de ações, foram criadas as bolsas de valores. Nelas, nenhuma empresa vende ações diretamente; apenas as pessoas e instituições que já possuem ações podem negociá-las livremente, e de acordo com sua necessidade, em busca de liquidez ou lucro. A bolsa de valores é, então, um **mercado secundário**, utilizado por aqueles que já possuem ações para negociá-las. O **IPO** (Initial Public Offer), ou a abertura de capital de uma empresa, é feito diretamente com as corretoras, distribuidoras e bancos de investimento, não com a bolsa, embora logo no primeiro dia de existência a maioria das ações já seja negociada em bolsa. Ou seja, a bolsa foi criada apenas para dar tranquilidade àqueles que pretendem comprar ações de empresas, o que viabiliza a emissão dessas ações por causa da possibilidade criada de **especulação** e **lucro**. Isso é bom para todos e, sem os especuladores (pessoas que operam visando ao lucro, ou seja, você) não haveria bolsa, nem venda inicial de ações, o que prejudicaria as empresas, que, sem dinheiro, não poderiam contratar pessoas, investir em novos produtos e fazer a economia do país girar.

Conclusão: especular é bom, é saudável para a sociedade, e farei todos os esforços ao longo deste livro para que seja lucrativo para **você**. Lembre-se: quanto maior o lucro, melhor; quanto menor o custo de operação, melhor. Não misture especulação na bolsa com culpa social – muito comum no Brasil. Sua especulação melhora a economia do país; portanto, orgulhe-se de seu lucro e vá atrás dele com todas as suas forças.

Nos últimos anos, ser investidor da bolsa virou também um emprego, muitas pessoas deixaram de trabalhar no mercado formal para se dedicar exclusivamente a investir na bolsa e tirar daí seu sustento. Portanto, saiba que ser investidor da bolsa é uma função como qualquer outra, com a diferença de que você não tem chefe nem empregados; apenas segue os horários do pregão de qualquer lugar do mundo em que estiver.

A Tomada de Decisão

Um assunto pouco explorado no mercado de ações é a hora da tomada de decisão. Vários fatores e análises interferem no julgamento do investidor, até que ele decide fazer uma coisa ou outra, comprar ou vender. Tenho notado que muitas pessoas se importam bastante com os detalhes das análises e pouco com a decisão que é tomada a partir delas. Critérios muito rígidos de análise contrastam com tomadas de decisão, que, em geral, são feitas sob pressão e em momentos desfavoráveis.

A realidade é que muitos investidores não confiam plenamente em suas análises e acabam procurando confirmação em análises de outras pessoas, como analistas de bancos e corretoras. Nada contra os analistas (eu mesmo sou um), porém o investidor deve escolher o que seguir, se a si próprio ou a especialistas do setor. E, uma vez feita essa escolha, ter disciplina para acreditar nas análises e tomar decisões de compra ou venda na hora certa, ou seja, olhando análises atuais.

É importante saber que, se você identifica um sinal de compra hoje, deve comprar hoje, e não esperar confirmações no dia seguinte e de outras pessoas. Quanto mais esperar, mais oportunidades não realizadas vai experimentar e mais decepcionado acabará ficando. Operar em bolsa é semelhante a fazer exercícios físicos: você tem que começar um dia e treinar todos os dias a partir de então; se ficar sem operar, "enferruja" e fica mais difícil ganhar quando voltar.

Entre os iniciantes em análise de ações, as dúvidas mais comuns são: qual estudo utilizar para determinado papel? Qual o melhor tempo gráfico atualmente? É melhor especular no *day trade* ou "encarteirar" o papel? Análise técnica ou fundamentalista?

A resposta é uma só: conhecimento prévio do ambiente. Quando o investidor acompanha o mercado, sabe qual o melhor momento de especular e de compor sua carteira, assim como escolhe o tipo de gráfico e de análise que usará com base no momento. Não há mágica; os softwares para auxiliar as análises são essenciais, mas experiência no mercado é o fator de maior peso na composição do lucro. Independentemente de estarmos em crise ou em "céu de brigadeiro", cada momento do mercado tem uma nova metodologia de análise. Investidores mais experientes já não perdem a cabeça quando uma estratégia de análise para de funcionar; eles simplesmente usam outra. Isso porque, depois de algum tempo acompanhando o mercado, percebe-se que é vital mudar de estratégia de tempos em tempos, pois nada funciona de forma imutável para sempre.

Alguns estudos gráficos são ótimos por algum tempo e depois param de apresentar sinais satisfatórios. Os fundamentos de uma empresa podem ser ótimos em um trimestre e péssimos no seguinte. Os cursos, os livros, as newsletters, os relatórios e os consultores podem passar muitas informações, mas é o dono do dinheiro quem junta tudo isso e toma uma decisão.

Muitas pessoas colocam seu dinheiro na mão de terceiros por entenderem que não estão aptas a tomar essa decisão. Dessa forma, **decidem** que um especialista é a melhor saída. Perceba que essas pessoas tomaram uma decisão, pois colocaram o dinheiro nas mãos de outra(s) pessoa(s), que pode ser um amigo ou parente, uma empresa, um banco ou um fundo. De qualquer forma, os prejuízos e lucros sempre serão de responsabilidade do dono do dinheiro, por isso a frase: "Antes de aceitar, leia o prospecto."

Se está confuso com tantas análises, palpites e sugestões com que nos bombardeiam diariamente, pare e reflita sobre qual é seu objetivo. Quer arriscar uma perda mas ganhar mais? Deseja um rendimento fixo mensal ou anual? Quer imobilizar seu capital? Deseja ter liquidez?

Essas perguntas simples devem ser respondidas de imediato pelo investidor. Faça o teste: se respondeu a elas rapidamente, deve ser um investidor decidido que opera com lucros e aceita os prejuízos como lição, usando-os para melhorar seus métodos e seguir em frente. Se não tem certeza do que quer, fica muito eufórico com qualquer lucro e acaba se deprimindo nos prejuízos, acabará abandonando o mercado de ações mais cedo ou mais tarde.

Então, a resposta é simples: basta definir quais são suas principais diretrizes e escolher as análises ou os analistas com base nelas.

É mais fácil do que pensamos, reflita a esse respeito. Todas as análises e decisões citadas aqui são válidas. Você só precisa saber qual é o momento ideal para usá-las. A partir de agora vou ensinar muitas formas de operar; cabe a você escolher uma ou mais delas para suas operações.

MANUAL DOS

SUPERSINAIS

DA ANÁLISE TÉCNICA

1. INICIANDO A ANÁLISE TÉCNICA

O Que é Análise Técnica

A ANÁLISE TÉCNICA, ou gráfica, é uma forma de estudar as cotações passadas de um ativo (como a ação de uma empresa) por meio de um gráfico característico, encontrar padrões de alta e de baixa e aplicá-los ao futuro, criando previsões de desempenho tanto de preço como de tempo de duração de uma operação.

Para que a análise seja feita, é necessário dividir as cotações em períodos predeterminados, como dias, semanas ou meses. É também muito comum utilizar períodos bem menores, de minutos, como um minuto, dois minutos e assim por diante, normalmente até o máximo de 120 minutos. Uma vez decidido o período a ser analisado, é preciso desenhar o gráfico, e para isso podemos utilizar alguns tipos de gráficos:

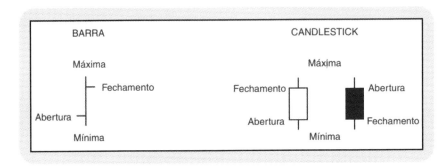

Se o período escolhido for o diário, cada passo do gráfico será equivalente a um dia de negociação. Nesse caso, a simbologia utilizada poderá ser de barra (americana), com o preço de abertura do dia sendo o traço à esquerda, o fechamento o traço à direita e a máxima e a mínima os extremos da linha vertical. Apenas esses quatro preços são simbolizados, não importando se houve mais negócios em outros preços nesse intervalo. Podemos utilizar também o gráfico japonês de *candlestick* (candelabro), ou seja, um conjunto de *candles* (velas), que têm esse nome por se parecerem com tais objetos. Os *candles* têm a mesma notação da barra, porém são acrescidas de cor: se o fechamento é superior à abertura, ficam verdes ou brancas, e se é inferior, ficam vermelhas ou pretas. Há também gráficos de linha que utilizam apenas os preços de fechamento, ignorando todos os outros, mas não serão usados em nossas análises. Utilizaremos em todas as análises deste livro o gráfico de *candlestick*, por ter mais informações que o gráfico de barras, utilizando o mesmo espaço físico.

Desenhando um *candle* para cada dia, teremos um gráfico de ação pronto. Atualmente, não se desenham mais gráficos em papel ou em planilhas eletrônicas; é praticamente impossível fazer uma análise gráfica sem o auxílio de um software específico. Entre as funções do software estão: atualizar os gráficos automaticamente com novas cotações, permitir a inserção de objetos dentro dele, como retas e textos, calcular estudos matemáticos predefinidos e customizados e, não menos importante, salvar tudo isso para que o investidor não precise repetir a mesma análise todos os dias.

A análise gráfica moderna teve início com Charles Henry Dow, nos Estados Unidos, no final do século XIX, e vem evoluindo desde então. Bem antes disso, no mercado de arroz do Japão feudal do século XVII, uma arte de análise de *candlestick* surgiu. Ela será tratada neste livro de forma pragmática, simples e visando ao lucro – que me perdoem os estudiosos, pois simplifiquei e automatizei esses maravilhosos padrões, que aqui foram resumidos a apenas três tipos.

TEORIA DE DOW

Como já citado, abordaremos um tema precursor de toda a Análise Técnica moderna, a *Teoria de Dow*, que leva o nome de seu idealizador, Charles Henry Dow. Essa teoria analisa os preços históricos de um índice ou ação e define três fases para uma tendência.

A princípio a teoria se baseava nos índices Dow Jones Industrial e Dow Jones Transportation (no início do século XX), mas hoje é aplicada a qualquer índice ou ação e é conhecida por ter mostrado ao mundo, e ser até hoje, a base da análise técnica.

Essa teoria é utilizada em gráficos de longo prazo, como o semanal ou mensal, e não tem por objetivo definir sinais de compra e venda, mas sim identificar possíveis exaustões de tendência, preparando o investidor para reversões de preço.

A Teoria de Dow segue algumas regras:

1. Os preços já descontam as notícias e os eventos que podem influenciá-los; desse modo, quando uma notícia ou evento for divulgado, seu resultado será previsto por parte dos investidores e precificado no valor das ações. Quando algo maior ocorre, como o atentado de 11 de Setembro às Torres Gêmeas nos Estados Unidos, a tendência de curto prazo pode ser afetada, mas não a de longo prazo.

2. As tendências sempre ocorrem em três fases, uma de longo prazo, ou primária, uma de médio prazo, ou intermediária/secundária, e outra de curto prazo, ou diária/terciária. Identificando essas tendências, um investidor pode decidir quando é hora de entrar ou sair do mercado.

3. A tendência atual vale até ser revertida, ou seja, o mercado está sempre em tendência de alta ou de baixa.

4. A tendência deve ser confirmada por dois índices. Quando ações são analisadas, a tendência deve ser confirmada utilizando as ações ordinária e preferencial da mesma empresa ou as ações das duas maiores empresas do setor.

5. Os volumes negociados são importantes. Assim, em uma tendência de alta, volumes mais altos são esperados quando o preço sobe, e mais baixos quando o preço é corrigido e cai. O contrário é esperado nas tendências de baixa.

6. Uma tendência só acaba quando ocorre o sinal definitivo de sua reversão.

Aplicando as regras:

1. Partindo da regra número 1 (os preços descontam outros eventos), é possível operar apenas olhando para os gráficos.

2. As fases na tendência de alta ou baixa são distintas.

Fases do mercado de alta:

1. Esta fase é marcada pelo final de uma tendência anterior de baixa, por isso é chamada de *Acumulação*, ou seja, quando alguns investidores não deixam o preço cair para novas mínimas e o mantêm em certo patamar efetuando compras constantes.

2. Ao perceber que os preços deixaram de cair, uma nova leva de investidores identifica uma possível reversão de tendência e também começa a comprar, o que faz com que os preços passem a subir e gerem novas máximas. Essa fase é a *Alta Sensível*.

3. Motivados pela alta ocorrida até então, os demais investidores começam a comprar, acreditando que o preço da ação continuará a subir por tempo indeterminado. Esse movimento leva o nome de *Euforia*. Nele, os novos investidores compram o que os mais experientes das Fases 1 e 2 já estão vendendo.

Fases no mercado de baixa:

1. Esta fase é marcada pelo final de uma tendência anterior de alta, e é chamada de *Distribuição*, ou seja, quando alguns investidores não deixam o preço subir para novas máximas e o mantêm em certo patamar efetuando vendas constantes e realizando os lucros da tendência anterior.

2. Ao perceber que os preços pararam de subir, os investidores seguidores de tendência identificam a reversão e começam a vender, derrubando as cotações e gerando novas mínimas. Essa fase é a *Baixa Sensível*.

3. Depois de uma queda no preço suficiente para assustar os últimos otimistas (em geral os mesmos que entraram na Fase 3 da tendência de alta), os demais investidores começam a vender, com o intuito de minimizar o prejuízo e encerrar suas posições. Esse movimento é conhecido como *Desespero*. Nele, os investidores que venderam na Fase 1 dessa tendência normalmente recompram suas posições por um preço bem mais baixo, embolsando a diferença de preço.

4. A tendência futura não pode ser adivinhada. Deve-se esperar os sinais de que ela mudou; por isso, enquanto não há certeza de mudança, ainda estamos na tendência atual, seja ela de alta ou baixa.

5. Para confirmar a tendência, sempre avalie dois índices ou duas ações. Se forem ações, utilize a ordinária e a preferencial da mesma empresa ou as ações das maiores empresas de um setor.

6. Para facilitar a percepção das fases já citadas, basta seguir a regra dos volumes. Em geral, quando a tendência é de alta, o volume é maior nos dias em que o preço sobe, e menor nos dias em que o preço é corrigido e cai. Isso se inverte na tendência de baixa, quando o volume é maior nos dias de queda e menor nos dias em que o preço é corrigido e sobe.

7. A tendência pode ter inúmeros sinais de médio prazo; por isso não tente adivinhar o que ocorrerá e espere que o sinal de reversão seja claro para operar. Essa espera costuma fazer com que os primeiros 20% a 25% da próxima tendência sejam perdidos, mas evita que entradas e saídas erradas ocorram – erros que podem ir consumindo seu patrimônio lentamente.

Na imagem a seguir, podemos ver um exemplo da Teoria de Dow em um gráfico semanal. A tendência primária, nesse caso uma tendência de alta, é formada pela sequência Acumulação, Alta Sensível e Euforia. Essas tendências duram, normalmente, alguns meses.

É possível notar que os preços não sobem direto, fazendo novas máximas; há períodos em que ocorrem correções e os preços caem. Esses períodos são chamados de tendência secundária ou intermediária, duram entre duas e quatro semanas e sempre vão no sentido contrário da tendência principal.

A tendência mais fraca é a diária ou terciária, que não pode ser observada neste gráfico, dura de alguns dias até duas semanas e dificilmente completa um mês.

Também é possível acompanhar no gráfico a seguir as três fases da Teoria de Dow na baixa, quando a velocidade dos acontecimentos é muito mais rápida. Notem que a Baixa Sensível e o Desespero são precedidos de um período de estabilidade, chamado de Distribuição, o equivalente à Acumulação, porém para as tendências de baixa.

Outra definição pode ser aplicada a este gráfico. Há sinais claros de reversão, primeiro quando a Baixa Sensível faz o gráfico cair abaixo de 54.559 pontos, perto de julho de 2008, e depois quando a alta é retomada, ultrapassando os 48.000 pontos, perto de julho de 2009.

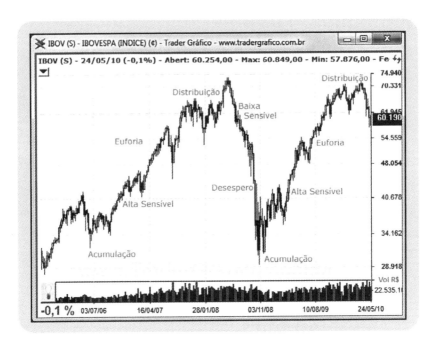

Topos e Fundos: Força e Fraqueza de Tendências

Em momentos de grande oscilação e incerteza no mercado, é possível ganhar muito com oscilações de curto prazo. Mas para isso ocorrer, o investidor deve estar preparado para identificar os momentos de continuidade e de reversão de tendências. Uma ferramenta muito simples, que resgatei como estudo e que funciona muito bem, são os *Topos e Fundos*. Ela será fundamental mais à frente, no *Método CM* para *swing-trade*.

Começamos pela definição de *Topo*, que é a sucessão de novas máximas por alguns *candles* até termos duas máximas mais baixas seguidas, deixando uma formação "montanhosa" para trás. Já no *Fundo*, ocorre o inverso, pois temos mínimas mais baixas seguidas até termos duas mínimas mais altas, deixando uma formação de "vale" para trás.

Apenas observar um gráfico pode ser o jeito mais fácil de encontrar topos e fundos, mas como eles não possuem a mesma formação, podemos ver um topo formado por dez *candles* seguido de um fundo formado apenas por três *candles* e acabar dando a mesma importância aos dois. Essa diferença entre o "tamanho da montanha" ou do "vale" é relevante, só que não conseguimos notar essa ordem de grandeza somente observando o gráfico. Para isso, precisamos definir uma regra e ter um software que nos auxilie.

O estudo de *Topos e Fundos* faz exatamente esse tipo de marcação. Ao ligá-lo, escolhemos quantos *candles* queremos acompanhar na formação de topos e fundos e o software marca dentro do gráfico apenas os topos e fundos que se encaixam nesse parâmetro, tornando-os comparáveis.

A seguir, um exemplo deste estudo:

Nesse gráfico, podemos ver círculos acima e abaixo dos candles marcando alguns topos e fundos, respectivamente, mas não todos. Também temos a interpretação do movimento, que não deixa de ser simples.

Quando temos um movimento de baixa, é normal termos fundos sequenciais, sem a formação de topos, e isso gera uma baixa sustentada. O primeiro topo marcado no gráfico demonstra a fraqueza do movimento e abre possibilidade de indefinição ou reversão. Quando o segundo topo é marcado, temos praticamente o encerramento da tendência anterior de baixa e ficamos aguardando novos sinais do gráfico para definir a próxima tendência. O contrário se aplica à alta.

O estudo de *Topos e Fundos* demonstra *força e fraqueza de tendências*, mas não é muito confiável para marcar pontos de compra e venda, apenas alerta o investidor para o fato de que a tendência atual está terminando ou acelerando, e que outros estudos gráficos devem ser utilizados nos sinais de compra e venda.

Para programá-lo, basta definir o mesmo número para contar máximas mais altas nas formações de topos e mínimas mais baixas nos fundos. Assim, verá topos e fundos de mesma força e poderá compará-los, tirando conclusões a respeito de uma tendência.

SUPORTE E RESISTÊNCIA

As retas de suporte e resistência nada mais são do que barreiras de contenção dos preços. É extremamente importante compreender seu conceito para poder analisar graficamente os ativos. Os conceitos de suporte e resistência são utilizados para traçar canais de alta ou de baixa, figuras de continuidade e reversão ou simplesmente barreiras de preço, que podem ser mais fortes ou fracas.

Suporte é a barreira que está abaixo do preço atual do ativo. Desse modo, o preço deve *cair* para encontrar o suporte. *Resistência* é a barreira que está acima do preço atual do ativo; então o preço precisa *subir* para encontrar a resistência.

Suporte e resistência são nomes que se alternam, pois se o preço cai e ultrapassa a reta de suporte, automaticamente ela passa a ser uma reta de resistência. Sua força não é alterada quando ela é rompida, ou seja, se o preço rompe uma reta de suporte forte, esta passa a ser uma reta de resistência forte.

As retas de suporte e resistência são mais fortes ou mais fracas com base em duas variáveis:

1. Quanto mais horizontal for a reta, mais forte será a barreira. Isto é, se a reta de suporte ou resistência for horizontal ou quase horizontal, seu preço será bem definido, por isso será mais fácil de ser lembrado e mais difícil de ser rompido, o que a torna mais forte;

2. Quanto mais vezes o preço toca uma reta e recua, mais forte torna-se essa reta.

Agora, a explicação que fará tudo o que está escrito aqui fazer sentido: as retas só funcionam porque se baseiam nas lembranças dos investidores. Exemplo:

Quando você compra ou vende um ativo, o preço em que você fechou o negócio e o preço-alvo que espera atingir ficam fortemente gravados em sua memória. Se comprou na máxima de uma semana e o preço não subiu mais, forçando-o a realizar uma venda com prejuízo, você não comprará mais naquele patamar de preço.

Da mesma forma, quando compra bem próximo da mínima da semana e os preços sobem bastante depois dessa compra, fazendo com que você tenha lucro, vai se lembrar daquele preço como um bom preço de compra; e se o ativo voltar àquele patamar, você provavelmente repetirá a compra, na esperança de também repetir o lucro.

Esse efeito, causado pelas lembranças dos investidores, dá mais força a certos patamares de preço, tornando-os barreiras psicológicas, às quais damos os nomes de suporte e resistência. Na região de um suporte forte, ou seja, que foi testado várias vezes e é representado por uma linha reta horizontal, o que se espera é que o preço interrompa a queda e volte a subir, criando oportunidades de compra para os investidores. O oposto ocorre com as retas de resistência.

Prestando atenção ao gráfico, é fácil perceber que as oportunidades de compra e venda são causadas pelos próprios investidores; portanto, é importante investir atento ao que a massa de investidores faz. Suportes e resistências não são retas mágicas de reversão de tendência; tendem a ser rompidos mais cedo ou mais tarde e você deve estar preparado para isso, cadastrando sempre um STOP (ordem de disparo automático pré-configurada em sua corretora, que será tratada mais à frente neste livro) em suas operações.

A seguir, um exemplo de retas de suporte e resistência. A reta de resistência está acima, mais grossa, no valor de R$30,66. Já o suporte está embaixo, mais fino, a R$26,02; ambas as retas estão acima do último preço, de R$25,63.

A reta da resistência é mais grossa que a do suporte, para ilustrar o que acabou de ser descrito. Pode-se notar que há mais candles tocando a reta de resistência do que a de suporte, o que torna essa reta mais forte. Isso mostra a relação de força criada neste gráfico. É mais provável o rompimento ocorrer na reta de suporte do que na reta de resistência; por isso o preço cai e rompe o suporte, que é mais fraco.

Topos e fundos fortes, como explicado no tópico anterior, são bons pontos para traçarmos retas horizontais de suporte e resistência.

Para explicar como criamos retas de suporte e resistência intermediárias, com base nas duas que já existem, falaremos mais adiante sobre *Fibonacci*, suas relações e aplicações em gráficos.

Quando temos fundos ascendentes ou topos descendentes, podemos uni-los formando linhas inclinadas. Essas linhas são chamadas de linhas de tendência e têm as mesmas características de suporte e resistência. A diferença entre alta e baixa são os tipos de inclinação. Se uma linha é formada por fundos cada vez mais altos e aponta para cima, seu nome é *Linha de Tendência de Alta*, ou *LTA*. Se a linha for composta por topos cada vez mais baixos e aponta para baixo, seu nome é *Linha de Tendência de Baixa*, ou *LTB*.

Dois topos ou dois fundos são suficientes para traçarmos uma linha de tendência, porém é prudente aguardar um terceiro toque na linha para validá-la, ou seja, deixá-la mais forte para que suas operações tenham menor risco. A seguir, vejamos alguns exemplos de LTA e LTB, respectivamente.

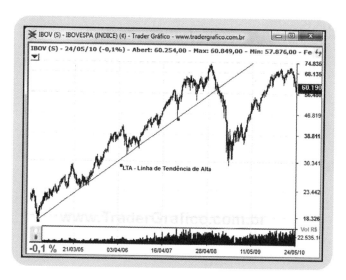

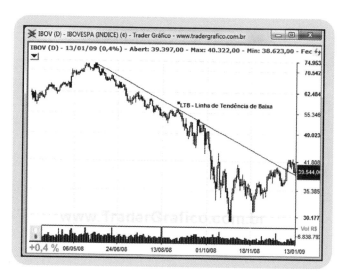

O rompimento das linhas de tendência nos dá um sinal forte de compra ou venda. Na figura da página anterior, há o rompimento de uma LTA para baixo, o que significa VENDA forte, pois a tendência vinha sustentada por vários toques na linha. Na figura acima, também temos um rompimento, só que de uma LTB para cima, o que é uma COMPRA forte pelo mesmo motivo, com vários toques na linha durante a tendência.

Não há mágica em análise técnica. Se quer operar com lucro, deve estar atento às linhas de tendência e não pode deixar de traçá-las e segui-las de jeito nenhum, por melhor que seja sua estratégia.

Figuras

As figuras são formas geométricas, criadas por linhas de tendência de alta e de baixa, junto com retas horizontais de suporte e resistência, que identificam pontos de compra e venda com projeções de preço-alvo e seu tempo de duração mais provável.

Entre as figuras, destacamos as quatro mais comuns:

1. Triângulo

   - É criado por duas linhas de tendência convergentes;
   - Pode sinalizar alta, baixa ou indefinição, sempre acompanhando a tendência mais forte;
   - Deve ser rompido antes de chegar ao final;
   - Em geral, aumenta de volume quando há rompimento de um dos lados do triângulo.

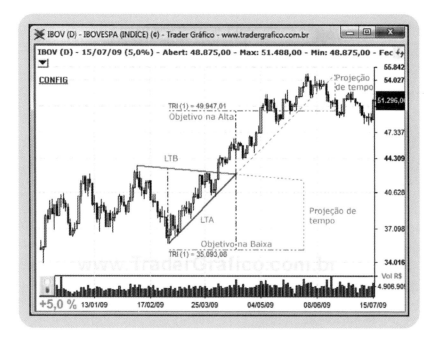

Nessa figura, podemos ver um triângulo formado por uma LTA e por uma LTB. A linha pontilhada vertical que fecha o triângulo é sua amplitude, ou seja, a diferença de preço que se espera alcançar assim que um dos lados do triângulo for rompido. Essa amplitude é repetida fora do triângulo a partir do encontro das duas linhas de tendência, mostrando os objetivos na alta e na baixa. O tempo de duração dessa projeção também está relacionado ao tamanho do triângulo (só que na horizontal) e também é projetado a partir do encontro das duas linhas de tendência. A projeção de tempo na baixa é do mesmo tamanho da LTA, enquanto a projeção de tempo na alta é do mesmo tamanho da LTB.

Uma vez que o triângulo da Figura 1.7 foi rompido antes do final da figura, isto é, do encontro das duas linhas de tendência, ele é válido e começamos uma compra, pois a LTB foi rompida para cima. Caso a LTA tivesse sido rompida para baixo, teríamos uma venda.

O prolongamento pontilhado da linha de tendência que não foi rompida, até que encontre a projeção de preço, criará a área mais provável de movimentação dos preços nos próximos candles, até o limite máximo de tempo projetado. É importantíssimo ressaltar que a validade dessa projeção está no rompimento de qualquer uma das linhas que formam a área mais provável de movimentação; dessa forma, caso o preço rompa o prolongamento da linha de tendência antes de chegar ao objetivo, temos de encerrar a posição nesse ponto. Se o preço encontrar logo a projeção, também encerraremos nossa operação, e se o preço ficar entre as duas até o final do tempo previsto, mais uma vez encerraremos a posição no último candle. Após encerrar a posição, *nada* mais poderá ser feito com essa figura. As retas de objetivos que ficaram para trás servem apenas como linhas de suporte e resistência fracas.

2. Bandeira ou Flâmula

- Ocorre durante tendências de alta ou baixa;
- Sinaliza uma pausa para a continuidade da tendência;
- O objetivo após essa figura é alcançar a mesma amplitude de preços anterior a ela.

A bandeira pode ser reconhecida nessa figura pela sua haste em linha grossa, seguida de um losango também em linha grossa. Ela tem a mesma função do Fibonacci, que será visto mais adiante; portanto, há mais de uma forma de interpretar seu movimento.

Na figura anterior, podemos ver uma segunda bandeira traçada com linha mais fina, que nada mais é do que a repetição da primeira bandeira a partir da base de seu losango. A lógica aqui é a seguinte: uma vez que a figura for identificada, temos uma projeção de preço e tempo de mesmo tamanho, repetida a partir da mínima dentro do losango da primeira bandeira. Esse losango é típico em tendências de alta ou baixa e significa a correção natural dos preços após um período de tendência forte. O sinal de compra ocorre quando a máxima dentro desse losango é rompida. A tendência vai evoluindo até que chegue ao segundo losango, espelhado no primeiro, onde nosso objetivo de preço e tempo acaba. O sinal de venda ocorre quando o preço toca em algum dos lados do segundo losango.

Essa figura é facilmente identificada, porém sua projeção acaba ficando incompleta perto de outras ferramentas que veremos mais adiante; por isso, ela não é tão utilizada quanto a figura do retângulo e as projeções de Fibonacci.

3. Retângulo

- Formado por duas linhas horizontais de suporte e resistência;
- Representa um período de estabilidade de preços antes da continuação da tendência atual;
- O objetivo após o rompimento dessa figura é alcançar a mesma amplitude de preço do retângulo identificado.

Nessa figura, temos dois retângulos: o primeiro, na parte de baixo, é formado por duas retas que são tocadas duas vezes cada uma pelos preços. Assim que uma delas é rompida, temos a formação do segundo retângulo, cujo objetivo é a mesma amplitude do primeiro retângulo.

Não por acaso, utilizei o mesmo gráfico de exemplo da *Bandeira anterior*, pois, quando virmos o Fibonacci, utilizaremos essa figura como base para traçarmos projeções intermediárias, onde, além de utilizarmos essa projeção de 100% do tamanho do retângulo aqui descrita, usaremos a mesma projeção criada pela Bandeira, vista anteriormente, e ainda uma terceira projeção menor.

Em todas as figuras vistas até aqui, o objetivo traçado para o preço já representa a máxima projeção provável, e por isso mesmo nunca espelhamos as mesmas figuras mais do que uma vez. Casos em que um segundo espelhamento funciona são raros e não vale a pena apostar neles. Quando um movimento acabar, procure outra ação com novos movimentos no começo: projeções pegas no início têm maior probabilidade de funcionar.

Ombro-Cabeça-Ombro (OCO) e Ombro-Cabeça-Ombro Invertido (OCOI)

O OCO é uma figura de reversão que surge em tendências de alta. Leva esse nome por lembrar a cabeça e os ombros de uma pessoa, porém nada mais é do que uma sequência de três topos, em que o topo do meio, chamado de cabeça, é mais alto que os dois das extremidades, os ombros.

Nesta figura existe uma linha imaginária que é traçada unindo-se os fundos dos ombros. Essa linha é chamada de **Linha de Pescoço**. Ela só é traçada quando a figura está pronta e define o suporte que dará início ao movimento de reversão quando rompido.

Da mesma forma que ocorre em todas as outras figuras, quando o preço do ativo ultrapassar a *Linha de Pescoço* para baixo, tem início um movimento de venda que deve ter a mesma amplitude vertical da figura identificada. Essa amplitude será nosso objetivo de preço, e o tempo de formação da figura repetido a partir do segundo ombro também fornece uma projeção de tempo de duração dessa nova tendência, como é possível observar na figura a seguir.

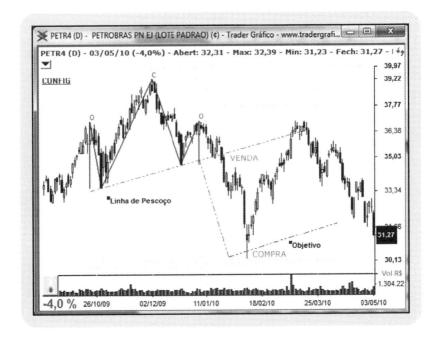

Os topos marcados com a letra "O" são os *ombros*, enquanto o topo marcado com a letra "C" é a *cabeça* da figura. A primeira linha pontilhada, que une os ombros, é a linha de pescoço, e seu rompimento marca um sinal de venda. A linha pontilhada mais abaixo, paralela à linha de pescoço, é o objetivo de preço, cuja amplitude é igual à distância entre a máxima da cabeça e a linha de pescoço, e também de tempo, cuja validade é a mesma da distância entre os dois ombros. A data em que essa linha termina é o final da nossa projeção. Se o preço evoluir e romper o objetivo, teremos uma compra fechando a operação. Da mesma forma, se ele não chegar a romper a linha de objetivo, teremos uma compra assim que o tempo de validade dessa linha terminar.

É importante dizer que a figura OCO não deve necessariamente ser traçada na horizontal; pode ser inclinada para uma maior acurácia na projeção, como no exemplo anterior.

O OCOI tem exatamente a mesma leitura do OCO, porém ocorre em tendências de baixa, quando a reversão vai apontar para uma alta. O OCOI é formado por três fundos seguidos, em que o fundo do meio (cabeça) é mais baixo que os demais (ombros).

Na figura a seguir, podemos verificar a formação de um OCOI em que o objetivo foi alcançado antes da perda de força do movimento.

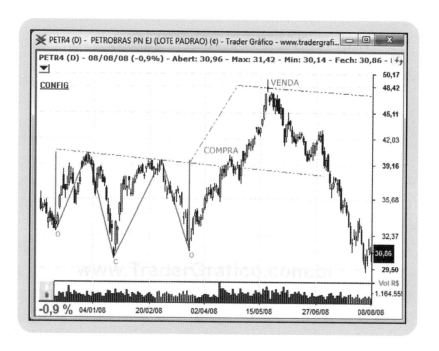

Aqui vale uma observação: o ponto de venda apontado por essa projeção coincide com o ponto de venda que veremos mais adiante, formado por uma ilha de reversão. Isso demonstra que sinais fortes de compra e venda tendem a ser mostrados por diversas técnicas diferentes dentro da análise gráfica, sendo que uma técnica confirma a outra.

As vendas e compras de início de movimento do OCO e do OCOI devem sempre ser acompanhadas de STOP. Mais à frente determinaremos qual o ponto correto para a colocação de nossos STOPs, independentemente da técnica utilizada para entrar em uma operação. Mas, grosso modo, pode-se usar o segundo ombro como STOP Loss para esta figura.

MÉDIAS MÓVEIS

As *médias móveis* nada mais são do que linhas traçadas dentro de um gráfico de preço que se movem sempre que um novo preço é inserido no gráfico. Em geral são calculadas com relação aos preços de *fechamento* e podem representar tendências de curto, médio ou longo prazos: quem define isso é o próprio investidor, que escolhe qual o número de preços históricos será utilizado para o cálculo da média.

A esta altura, a dúvida é: qual média será esta? E não há apenas uma resposta, mas várias. É possível utilizar vários tipos de médias estatísticas para o cálculo de uma média móvel; porém, aqui explicaremos somente os dois tipos mais utilizados: a *Média Móvel Simples*, calculada com base em uma média simples, e a *Média Móvel Exponencial*, calculada com base em uma média exponencial.

Antes de mostrarmos como se calcula essa média móvel e entendermos a sua interpretação, precisamos saber que o resultado será uma linha contínua não linear que poderá ser usada como suporte ou resistência dos preços. Como a linha é móvel, esse conceito de suporte e resistência com a utilização de médias sempre deve acompanhar outras análises, pois é muito volátil e reversível.

Fórmulas das médias móveis:

$$MMS = \frac{P_1 + P_2 + ... + P_n}{n}$$

$$MME_d = MME_{d-1} + \frac{2}{n+1} \times (P_d - MME_{d-1})$$

Em que:

MMS = Média Móvel Simples

MME_d = Média Móvel Exponencial Atual

MME_{d-1} = Média Móvel Exponencial Anterior

P = Valor de Fechamento

d = Período atual entre 1 e n

Embora o resultado das duas médias seja parecido, a média móvel exponencial aproxima-se mais do último preço do gráfico; por isso a média móvel exponencial tem um tempo de resposta menor do que a média móvel simples, sendo mais usada quando se deseja dar maior peso aos últimos dias da sequência.

Isso não significa que uma é melhor do que a outra. Cada gráfico mostra resultados melhores com um tipo de indicador, portanto, antes de decidir qual média móvel usar, deve-se testar sempre os dois tipos de médias móveis no gráfico específico que se quer analisar.

Nessa imagem, podemos ver uma média móvel simples de 21 dias (linha contínua) e uma média móvel exponencial também de 21 dias (linha pontilhada). Observe que a linha pontilhada, formada pela média exponencial, está sempre mais perto do preço de fechamento de todos os candles, salvo algumas exceções ocorridas quando os preços cruzam as médias.

Note também que há momentos em que as linhas que correspondem às médias se cruzam. A seguir, temos outra imagem com duas médias exponenciais, de dez (contínua) e de 21 (pontilhada) dias. Às vezes a média de dez dias cruza a média de 21 dias para baixo; em outras, cruza para cima. O cruzamento de médias móveis de diferentes períodos indica a direção da tendência.

Regras de operação:

- Quando a média móvel mais curta (dez dias) cruza a mais longa (21 dias) para *baixo*, é tendência de *baixa*;
- Quando a média móvel mais curta (dez dias) cruza a mais longa (21 dias) para *cima*, é tendência de *alta*.

Note que, logo antes de 23 de fevereiro, o cruzamento indica uma tendência de alta e os preços sobem. Depois, logo após 19 de abril, as médias se cruzam no sentido da baixa, o que acaba ocorrendo. Mas nem sempre é assim. Esses cruzamentos costumam dar sinais falsos, ou seja, indicam alta e os preços caem, ou vice-versa.

Para aprimorar esse sistema de cruzamento de médias, desenvolveu-se o indicador MACD, que mostra os mesmos sinais aqui descritos, mas também outros mais apurados e *de antecipação*, que revelam tendências de preço que ocorrerão a partir de certo ponto. O MACD será abordado a seguir.

MACD

O MACD, da sigla em inglês de Moving Average Convergence/Divergence, é um indicador técnico criado na década de 1960 por Gerald Appel. Seu conceito é simples: mostra a diferença entre duas médias móveis exponenciais (MME), uma rápida (normalmente de 12 períodos) e outra lenta (em geral de 26 períodos). Desse modo, varia entre valores positivos e negativos. Sua fórmula é:

$$MACD = MME_{12} - MME_{26}$$

Em que:

MACD = Moving Average Convergence/Divergence

MME_{12} = Média Móvel Exponencial de 12 períodos do valor de fechamento

MME_{26} = Média Móvel Exponencial de 26 períodos do valor de fechamento

Para completar o indicador, deve-se traçar uma linha de sinal. Essa linha é uma MME de nove períodos da linha MACD. Da mesma forma, o valor de nove períodos é o mais utilizado, mas pode ser alterado de acordo com a estratégia utilizada. A fórmula da linha Sinal é:

$$\text{Sinal} = \text{MME}_{9\,do\,MACD}$$

Em que:

Sinal = Linha Sinal

$\text{MME}_{9\,do\,MACD}$ = Média Móvel Exponencial de nove períodos da linha MACD

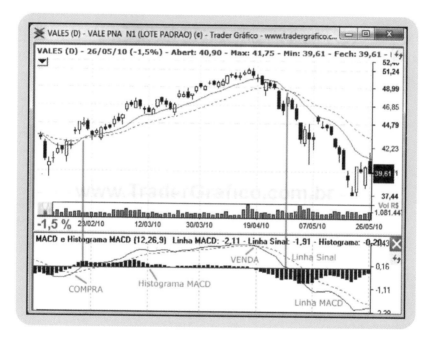

Essa figura mostra como o estudo é montado. No gráfico de preço, é possível observar as MMEs de 12 (contínua) e 26 (pontilhada) períodos. Elas não precisam ser traçadas; aqui foram traçadas apenas para facilitar o entendimento do estudo. No gráfico da parte inferior estão traçados o MACD e seu histograma, formado pelas barras pretas. A linha MACD é a contínua, enquanto a linha Sinal é a pontilhada.

O MACD é um rastreador de tendências, ou seja, identifica mudanças na tendência atual de um ativo. Existem três formas de operá-lo: 1) quando a linha MACD cruza a linha do zero para cima ou para baixo; 2) quando a linha MACD cruza a linha Sinal; e 3) quando seu Histograma entra em divergência com os preços. A seguir, a explicação de cada uma dessas regras:

1. Quando a linha MACD cruza a linha zero para cima ou para baixo, a informação passada é exatamente a mesma de quando a MME mais curta cruza a MME mais longa no gráfico.

   Se o MACD estiver acima do zero, a tendência atual é de alta e temos um sinal de compra; se estiver abaixo do zero, a tendência é de baixa e temos um sinal de venda, porém esses sinais de compra e venda não são muito fortes.

2. A regra de operação mais comum é dada quando a linha MACD cruza a linha Sinal. Se a linha MACD cruza a linha pontilhada Sinal para cima, temos compra. Se a linha MACD cruza a linha Sinal para baixo, temos venda. Como esses cruzamentos são muito frequentes, normalmente o MACD é associado a outros estudos para a confirmação das compras e vendas, ou espera-se que, após o cruzamento das linhas, elas se distanciem para confirmar a compra ou venda.

3. A formação do Histograma (diferença entre Linha MACD e Linha Sinal) oferece o que muitos consideram ser um dos sinais mais fortes de compra e venda que um estudo técnico pode oferecer. Seu conceito eficaz será detalhado no próximo tópico.

Histograma MACD

Vamos dar continuidade ao tema MACD apresentando o Histograma MACD. Como mencionado, este estudo fornece um dos sinais de reversão de tendência mais fortes da análise técnica, e por isso mesmo é bem raro.

O cálculo do Histograma MACD é a diferença entre a Linha MACD e a Linha Sinal. Assim, quando as linhas se encontram, o Histograma é zero; quando a Linha MACD está acima da Sinal, ele é formado por barras positivas; e quando as linhas se invertem, ele é formado por barras negativas.

$$H_{MACD} = MACD - Sinal$$

Em que:

H_{MACD} = HistogramaMACD

MACD = Moving Average Convergence/Divergence

Sinal = Linha Sinal

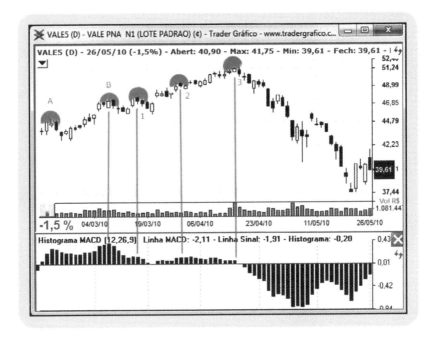

O Histograma MACD oferece uma forma diferente de operar: identificando divergências entre os preços e o estudo, o investidor estará identificando também sinais fortes de reversão de tendência. Nessa figura foi identificado um sinal forte de reversão da alta para baixa, ou seja, venda.

Logo no começo do gráfico, temos dois topos marcados por "A" e "B". No gráfico de baixo, se olharmos no Histograma, veremos que nessas mesmas datas temos outros dois topos. Repare como o topo "B" é mais alto que o "A" nos dois gráficos. A partir daí, ocorre um fato raro, o próximo topo, marcado como "1", é mais alto no preço e mais baixo no Histograma. O mesmo ocorre mais duas vezes consecutivas, o que está marcado pelos topos "2" e "3". Se estivéssemos analisando apenas o gráfico de cima, tenderíamos a abrir posições compradas, pois parece uma tendência forte de alta. Porém, quando analisamos o estudo Histograma MACD no gráfico inferior, percebemos que, nos mesmos dias em que os topos mais altos foram formados nos preços, temos topos mais baixos se formando no estudo. Isso revela uma *divergência* entre os dois gráficos. Essa divergência indica perda de força e adverte para o fato de que uma reversão de tendência está próxima. Não demora muito e os preços caem para níveis inferiores ao do primeiro topo (número "1"), confirmando a reversão.

Na situação aqui exemplificada, a reversão para a baixa ocorre na *terceira* divergência, marcada na data de 15 de abril de 2010.

A segunda divergência, que ocorre antes, já aponta o sinal de reversão e poucas vezes erra. Por isso muitos investidores passam boa parte do ano esperando essa segunda divergência. Já *o sinal mais forte* é mesmo a terceira divergência do Histograma MACD, que é bem rara e também a mais certeira. Neste tipo de análise, não temos um objetivo claro de preço; por isso recomenda-se seguir outras técnicas para identificar o final dessa reversão.

Índice de Força Relativa

Um dos indicadores mais utilizados em análise técnica é o Índice de Força Relativa (IFR). Desenvolvido por J. Welles Wilder em 1978, este oscilador mede quantos dias dentro de um período predeterminado foram de alta e quantos foram de baixa, mostrando o resultado em uma escala de 0 a 100%, sendo 0% atingido quando só há dias de baixa e 100% aquando há apenas dias de alta. A aceleração dessa escala percentual monitora as mudanças nos preços de fechamento. Seu acompanhamento possibilita ir observando o enfraquecimento de uma tendência até a sua reversão.

Da mesma forma que esse estudo mostra reversões, também pode revelar a consolidação de tendências.

Alguns analistas determinam a faixa acima de 80% como intervalo no qual a ação entra em uma área de risco. Chamada de sobrecompra, ela pode sinalizar que uma reversão da tendência está próxima, mas esta ocorrerá apenas quando a ação sair da área de *sobrecompra*, e não quando entrar nessa área. Outra zona de análise está na faixa abaixo de 20%, chamada de sobrevenda, em que o sinal é oposto, sinalizando reversão para alta dos preços assim que o gráfico sair dessa área. Esses níveis de 20% e 80% são apenas uma referência, pois cada gráfico se adapta melhor a um nível diferente de sobrecompra e sobrevenda. O ideal é que a maior parte da linha do IFR fique entre a região de sobrecompra e sobrevenda, e somente uma pequena parte fique acima ou abaixo de cada nível. Também é importante notar que a soma dos dois níveis percentuais **não** precisa ser igual a 100%, ou seja, podemos ter uma configuração com sobrecompra a 85% e sobrevenda a 50%, por exemplo. Isso depende da melhor sinalização de compras e vendas observada no passado.

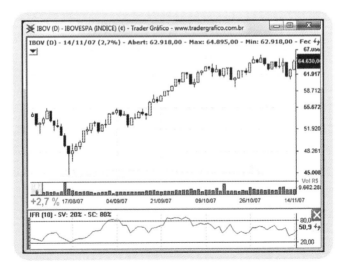

O IFR pode ser calculado pela seguinte equação:

$$IFR = 100 - \left(\frac{100}{1 + (U/D)} \right)$$

Em que:

IFR = Índice de Força Relativa

U = Média de todas as variações positivas no preço dentro do período em estudo

D = Média de todas as variações negativas no preço dentro do período em estudo

Os sinais de negociação tornam-se mais visíveis com períodos mais curtos, como sete, nove ou dez dias. Além dos sinais de compra e venda já citados, também é possível obter sinais fortes de compra e venda explorando as divergências entre o IFR e o gráfico de preços, da mesma forma que vimos no Histograma MACD.

FIBONACCI

Explicaremos aqui como criamos retas de suporte e resistência com base no número de ouro calculado com base na sequência de Fibonacci.

Fibonacci era o apelido do matemático italiano Leonardo de Pisa, que viveu entre os anos 1170 a 1250. Considerado um dos maiores matemáticos da história, ele é mais conhecido por dois grandes feitos. O primeiro foi a introdução dos números arábicos (0, 1, 2, 3, 4, 5, 6, 7, 8 e 9) na Europa, que acabaram substituindo os algarismos romanos. O segundo foi ter descoberto uma sequência de números infinita (progressão aritmética), iniciada por 0 e 1, onde cada novo número é a soma dos dois anteriores, conhecida como *sequência de Fibonacci.*

A sequência é bem simples: inicia-se com dois números, 0 e 1. Somando-se estes, 0 + 1, tem-se o próximo, que é novamente 1. Somando-se os dois últimos números da sequência, ou seja, 1 + 1, temos o 2. Com o 2 + 1, temos o 3, e assim infinitamente:

0, 1, 1, 2, 3, 5, 8, 13, 21, 34, 55, 89, 144, 233, 377, 610 etc.

Essa sequência foi descoberta por Fibonacci para resolver um problema de quantos pares de coelhos poderiam ser gerados em um ano a partir de um par inicial de coelhos. *Grosso modo*, a teoria é que um par de coelhos dá à luz um novo par de coelhos todo mês. Partindo dos princípios de que os coelhos não morrem e de que os novos coelhos levam um mês para se reproduzir, pode-se chegar a essa sequência de números, em que cada número será a nova população de coelhos ao final de um mês.

Ocorre que, ao dividir o último número da sequência de Fibonacci pelo penúltimo, tendemos a encontrar o *número de ouro*, conhecido como Phi (por causa do escultor grego Phidias), representado pela letra grega de mesmo nome, Φ. Ele é uma razão já conhecida pelo homem muito tempo antes de Fibonacci, pois está presente em tudo aquilo que admiramos como beleza ou harmonia, da estética à música. Seu valor é de *1,618033988749895* (arredondado, a quantidade de casas decimais é infinita). Como a sequência de Fibonacci é infinita, quanto maior forem os dois números que usarmos para efetuar a divisão, mais próximo de Phi será o resultado. Por exemplo:

F(n-1)	F(n-2)	Φ
34	21	= 1,6190476190476190476190476190476
89	55	= 1,6181818181818181818181818181818
610	377	= 1,6180371352785145888594164456233
1548008755920	956722026041	= 1,6180339887498948482045863457769

Assim, a sequência de Fibonacci foi o motivo para encontrarmos o Phi puro, com infinitas casas decimais. Nos gráficos de ações e outros ativos, arredondaremos o valor de Phi para 1,618. Isto é, 0,618 + 1, ou 61,8%. Caminhando no sentido inverso, temos 1 – 0,618, isto é, 0,382, ou 38,2%.

De posse desses dois percentuais, traçamos retas de suporte e resistência intermediárias a outras que já existem e estão bem definidas (e que em geral formam a figura do retângulo, vista anteriormente), encontrando valores de preço harmônicos que tendem a seguir essa proporção.

A imagem a seguir mostra como as relações de Fibonacci são utilizadas nos gráficos de ações: as retas mais claras se baseiam nos percentuais de 38,2% e 61,8% estudados aqui; a reta de 50% divide o estudo ao meio proporcionalmente; e as retas mais grossas mostram o suporte e a resistência que já existiam e que foram utilizados como base para a aplicação das relações de Fibonacci. Não é por acaso que utilizamos o mesmo gráfico já mostrado na explicação da bandeira e do retângulo, pois a base para o Fibonacci é o retângulo e sua projeção principal, a reta de 161,8%, é muito próxima à projeção da bandeira.

Observe que, na sequência de gráficos a seguir, primeiro traçamos o retângulo e sua projeção de 100%, que é atingida em 24 de novembro de 2009. Depois traçamos uma bandeira cuja projeção, menor que a do retângulo, é atingida antes, em 23 de outubro de 2009. E por fim temos o retângulo com as retas intermediárias de Fibonacci.

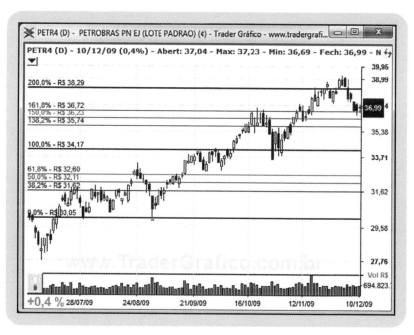

Note como, nessa imagem, utilizamos as retas de 0% e 100% como apoio para projetar novas retas de 138,2%, 161,8% e 200%. Veja como, após ultrapassar o patamar de 100%, o gráfico testa os patamares de 138,2% e 161,8%, criando objetivos intermediários para as operações.

Quando definimos o valor de 0% para o suporte e 100% para a resistência do retângulo, podemos predefinir que as correções de preço terão uma amplitude muito próxima a 38,2% e que as projeções de preço serão de 61,8%. Assim, quando os preços "batem" na resistência (reta de 100%) e caem, tendem a corrigir até a reta de 61,8% (ou 100 – 61,8 = 38,2%), que foi o preço-base utilizado para traçar a bandeira anteriormente. Se pegarmos a tendência já traçada de 100% e a colocarmos sobre a reta de 61,8%, teremos a reta de 161,8% (ou 1,618), que coincide com a projeção da bandeira e também é o valor exato de Phi. Após "bater" nessa projeção, o preço caiu novamente até a reta dos 100%, de onde partiu uma nova tendência de mesma amplitude até os 200%.

O previsível nessa tendência era a alta, que foi desde a reta dos 100% até a reta dos 161,8%. Todas as outras projeções depois disso foram comprovando as relações de Fibonacci, que são muito difíceis de serem utilizadas na prática, pois em fortes correções de preço, como a que derrubou os preços de volta de 161,8% até 100%, nosso STOP tende a ser rompido e a operação interrompida.

Chegamos à conclusão de que é muito importante utilizar o Fibonacci nos gráficos, seja para entender os movimentos de preços passados, seja para fazer previsões de possibilidades futuras.

PONTO DE PIVOT

Uma forma simples, rápida e eficaz de calcular patamares de suporte e resistência para os gráficos é o Ponto de Pivot, composto por sete linhas.

O cálculo do Ponto de Pivot forma um conjunto de suportes e resistências projetados a partir dos dados de um período anterior. Em geral ele é calculado sobre os dados de um período mais longo e desenhado dentro de um gráfico mais curto, sempre com um prazo de validade.

Por exemplo: para encontrar o Ponto de Pivot no gráfico diário, utilizamos os dados da última semana fechada. Os dados encontrados têm validade apenas para essa semana.

Para encontrar o Ponto de Pivot em qualquer gráfico *intraday*, utilizamos os dados do dia anterior fechado. Os dados encontrados têm validade apenas para o dia atual que está sendo analisado via *intraday*.

O Ponto de Pivot é calculado utilizando-se as seguintes fórmulas:

$$Pivot = \frac{(Máxima - Mínima - Fechamento)}{3} (sempre\ do\ período\ anterior)$$

Em que:

$R1 = (2 \times Pivot) - $ **Mínima em que, R1 = Resistência 1**

$S1 = (2 \times Pivot) - $ **Máxima em que, S1 = Suporte 1**

$R2 = Pivot + (R1 - S1)$ **em que, R2 = Resistência 2**

$R2 = Pivot - (R1 - S1)$ **em que, S2 = Suporte 2**

$R3 = (2 \times Pivot) + (Máxima - 2 \times Mínima)$ **em que, R3 = Resistência**

$S3 = (2 \times Pivot) - (2 \times Máxima - Mínima)$ **em que, S3 = Suporte 3**

Essa imagem mostra as horizontais formadas pelo Ponto de Pivot e suas retas coligadas. Note que foram traçadas para o dia 25 de maio de 2010. Essas retas têm validade apenas para esse dia; no dia anterior e no posterior, teremos outros patamares do Ponto de Pivot.

Neste caso, todas as retas foram calculadas com base na barra de negociação do dia anterior, ou seja, 24 de maio de 2010, cujos preços negociados foram: **Max: 61.145 – Min: 59.785 – Fech: 60.030**.

Na parte de cima do gráfico, à esquerda, estão escritos os valores de cada patamar. Normalmente o Ponto de Pivot é traçado como uma reta preta, as resistências são azuis e os suportes são as retas vermelho-claro.

Observando a movimentação dos preços no gráfico anterior, podemos notar que os preços respeitam os limites encontrados pelas fórmulas do Ponto de Pivot, o que torna esse pequeno estudo bastante eficaz, além de ser muito simples compreendê-lo. Lembramos que as retas são traçadas com os dados do período anterior fechado, isto é, em gráficos *intraday*, elas existem desde o começo do dia e têm validade até o final do mesmo dia.

O Patamar Correto do STOP

Agora falaremos de uma dúvida comum entre os investidores, desde os iniciantes até os mais graduados: o patamar correto para se colocar uma ordem STOP. Neste texto, falaremos da ordem STOP como uma ordem de venda, mas também existem ordens STOP de compra, que são utilizadas quando o investidor opera vendido a descoberto – neste caso, basta inverter a lógica de uso.

O Que é uma Ordem STOP?

Ordem STOP (ou Stop Loss) é uma ordem de venda (quando se opera comprado, e de compra quando se opera vendido) que só é válida abaixo de um preço definido pelo investidor. Ela é cadastrada no home broker da corretora e é disparada para o pregão se o preço do ativo ficar menor do que o estipulado. Ordens STOP existem para proteger o investidor de quedas bruscas em momentos em que ele não está acompanhando o pregão.

Como Definir o Preço de Disparo de uma Ordem STOP?

Diferentemente do que muitos pensam, a ordem STOP, ou apenas STOP, não deve ficar muito próxima ao preço atual do ativo, pois o objetivo é proteger a operação, e não desfazê-la.

Seguindo esse raciocínio, devemos tomar cuidado no sentido de não usar a imaginação para definir o STOP. Por mais experiente que você seja, palpite é sempre palpite, e quando lidamos com dinheiro é melhor tomar alguns cuidados.

Sempre que efetuar uma compra no mercado com o objetivo de ficar comprado por algum tempo, ou operar no Position Trade, é altamente recomendado usar STOP. Devendo ser configurado no mesmo instante em que a compra é confirmada, agindo como proteção para seu investimento.

O local em que o STOP deve ficar é sempre no suporte forte mais próximo. Não importa se esse suporte está um pouco longe do preço de compra, pois se o STOP for colocado em um patamar de preço fraco, a probabilidade de o ativo oscilar em torno desse patamar e disparar seu STOP é elevada. Portanto, avalie o primeiro STOP antes mesmo de efetuar sua compra, e se estiver desconfortável com a distância, não efetue a compra; procure outro ativo com um primeiro STOP mais adequado à sua tolerância de risco.

O STOP não fica onde você deseja; deve ser colocado sempre alguns centavos (para ações e opções) ou pontos (para contratos futuros) abaixo do próximo suporte forte. A explicação para seguir o gráfico, e não a vontade do investidor, é simples: se você colocar o STOP em um patamar de preço confortável, como fará para avisar aos outros milhares de investidores que aquele preço não pode ser perdido? Impossível, certo? Então é mais fácil usar um patamar de preço que seja consenso no mercado e que seja respeitado pelo gráfico.

Quando o STOP é posicionado em local inadequado, é comum que a oscilação do preço do ativo dispare sua ordem de venda e que, logo após o disparo, o preço volte a subir. Normalmente, nessa hora o investidor começa a se lamentar por não ter colocado o STOP um pouco mais baixo. Outros acreditam que o mercado conspira contra eles, quando na verdade o que faltou foi técnica na hora de decidir onde colocar o STOP.

Outra regra prática é que o STOP deve ter menos da metade do lucro esperado na operação. Ou seja, se espera um lucro de 10% na operação, o STOP máximo aceitável será de 5%, mas é desejável que seja ainda menor. Isso faz com que operações certeiras tenham um lucro médio bem maior que o prejuízo médio de suas operações erradas. Trata-se de uma técnica de maximização de lucros e nada tem a ver com análise técnica, mas se a utilizar, verá sua carteira crescer com mais rapidez.

LEMBRE-SE: o STOP protege seus investimentos do prejuízo e também pode proteger parte dos lucros já auferidos, mas quem decide o melhor lugar para posicioná-lo é o mercado, cabendo a você apenas entender qual o suporte mais forte e aceitá-lo.

2. INDICADORES AVANÇADOS

AGULHADAS – DIDI INDEX

O NOME DO INDICADOR vem de seu próprio inventor, o analista Odir Aguiar, mais conhecido como Didi. Começamos explicando o que são as *Agulhadas* do Didi; o oscilador derivado delas será explicado em seguida.

O conceito das agulhadas é colocar em um gráfico três médias móveis simples, uma de três períodos, uma de oito e uma de vinte. Sempre que as três médias passarem simultaneamente por dentro do corpo real de um candle (parte formada pelos preços de abertura e fechamento), dizemos que temos uma agulhada. Isso porque o movimento é semelhante a passar uma linha de costura por dentro da cabeça de uma agulha.

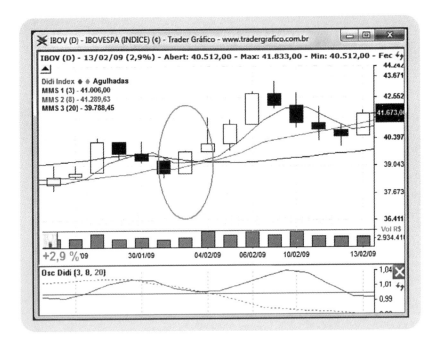

Quando, após a agulhada, as médias saírem na seguinte ordem: média de três períodos acima, de oito no meio e de vinte embaixo, teremos uma *Agulhada de Alta*, o que significa que os preços devem subir rapidamente. Se a ordem for inversa, ou seja, a média de vinte períodos acima, a de oito no meio e a de três embaixo, teremos uma *Agulhada de Baixa*, o que significa que os preços devem cair rapidamente.

Há três observações importantes que devem ser consideradas:

1. É importante notar que, caso a média de oito períodos não saia da Agulhada no meio das outras duas médias em nenhuma das duas situações, a Agulhada será descaracterizada;

2. Após a Agulhada ser observada, é importante aguardar pela confirmação do sinal por mais uma barra, para evitar sinais falsos;

3. As agulhadas marcam apenas o início da operação; a saída deve ser encontrada com base em outros indicadores.

Na imagem anterior, também podemos ver o Oscilador Didi. Ele é montado com as mesmas três médias móveis simples, porém todas elas são divididas pela média de oito períodos. Desse modo, a linha do Oscilador, que representa a média de oito períodos, será sempre igual a 1, pois é dividida por ela mesma, e as outras duas médias oscilam em torno dela (pontilhada de vinte períodos e contínua de três períodos).

No caso do Oscilador, os sinais de compra são dados quando a linha pontilhada de três períodos sobe acima de 1, enquanto a linha pontilhada de vinte períodos cai abaixo de 1; ao mesmo tempo, as duas devem partir praticamente de cima do 1 ou de algo muito próximo a ele. O sinal de baixa ocorre quando a linha de vinte períodos sai na direção de cima e a de três na de baixo, ou seja, o oposto do sinal de alta.

BANDAS DE BOLLINGER

Quando falamos em acompanhar os preços de um ativo na bolsa de valores, duas fórmulas estatísticas sempre estão presentes: média (simples ou exponencial) e desvio padrão. As médias são utilizadas como medida de previsão de retorno – e em geral falham –, enquanto o desvio padrão é utilizado como medida de volatilidade e risco, e normalmente funciona.

Com base em uma média simples e seu desvio padrão, John Bollinger criou o que chamamos de Bandas de Bollinger, que nada mais são do que a demonstração visual da média e do desvio padrão dos preços de um ativo dentro de seu próprio gráfico.

De início, deve-se calcular uma média móvel simples dos preços de fechamento dos últimos vinte períodos, sendo que o número vinte é apenas uma sugestão.

A seguir, deve ser calculado o *desvio padrão* desses vinte preços de fechamento e o valor encontrado deverá ser multiplicado por dois e somado à média móvel, formando uma banda para cima, e subtraído da mesma média móvel, formando uma segunda banda para baixo. Essas duas bandas (ou faixas) de preço, mais a média móvel simples, são denominadas *Bandas de Bollinger*. Por uma questão estatística (curva normal), espera-se que 95% do movimento do preço do ativo fique dentro dessa faixa de preço.

Sua interpretação é a seguinte:

- Mudanças bruscas de preço tendem a ocorrer após o estreitamento das bandas.

- Quando os preços se movem para fora das bandas, normalmente a tendência atual é mantida.

- Topos e fundos fora das bandas, seguidos de topos e fundos dentro das bandas, sugerem reversão de tendência.

- Um movimento iniciado em uma banda tende a se mover para a outra banda, o que abre a possibilidade de projeção de preços-alvo.

Neste exemplo, a linha escura é a média móvel simples de vinte períodos, enquanto as linhas claras são as faixas superior e inferior das Bandas de Bollinger.

É possível notar que novos fundos fora da banda inferior são seguidos de novas quedas, assim como o estreitamento das bandas em geral é seguido por um novo movimento de tendência.

As Bandas de Bollinger auxiliam muito na análise de qualquer tipo de gráfico, seja *intraday*, diário ou semanal. O desvio padrão também será bastante utilizado nos indicadores chamados Supersinais, que serão explorados mais adiante.

GAPs e Ilhas de Reversão

Muitos já devem ter ouvido falar em GAPs (*GAP*, do inglês, quer dizer espaço), mas o que são e como identificá-los?

GAPs são intervalos vazios entre os preços dos *candles*, ou seja, patamares de preço em que não houve negócio algum, embora negócios tenham ocorrido acima e abaixo daquele valor. A seguir, um exemplo de GAP marcado pelo círculo.

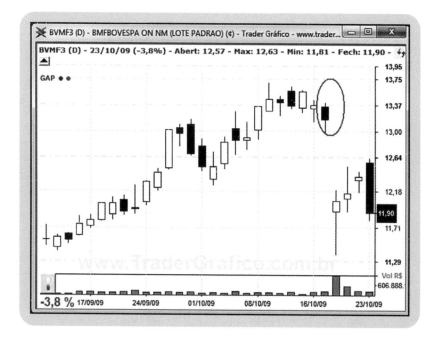

Podemos classificar os GAPs em quatro tipos: Comum, Corte, Continuidade e Exaustão. Além disso, podemos identificar uma figura extremamente forte formada por no mínimo dois GAPs, chamada *Ilha de Reversão*.

É importante notar que os GAPs, assim como a Ilha de Reversão, só têm importância em gráficos com muita liquidez, ou seja, com muita negociação. Ativos pouco negociados formarão sempre muitos GAPs, o que impossibilita a análise aqui proposta.

GAP Comum

O *GAP Comum* ocorre em gráficos sem tendência, normalmente na fase de Acumulação ou Distribuição. Esse tipo de GAP é logo fechado, isto é, os preços voltam até a faixa de negociação vazia em pouco tempo e não têm muita relevância. Exemplo:

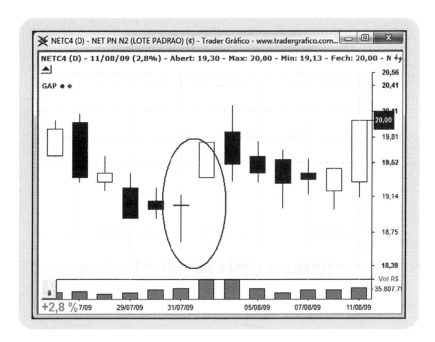

GAP de Corte

O *GAP de Corte* é importante, pois confirma o início de uma nova tendência. Geralmente ocorre rompendo um suporte ou uma resistência, ao mesmo tempo em que provoca aumento no volume negociado naquele *candle*. No exemplo a seguir, podemos ver um GAP de Corte em que a resistência de R$45,87 é rompida em 5 de março de 2010 e há aumento de volume. Após o rompimento da resistência, o gráfico iniciou a projeção de preço de Fibonacci até o patamar de 161,8% e 200%, como visto anteriormente.

GAP de Continuidade

O *GAP de Continuidade* é formado dentro de tendências definidas e sempre se movimenta na direção da tendência (para cima ou para baixo). Não aparecerá necessariamente após um GAP de Corte: a tendência pode ter sido iniciada sem nenhum GAP e formar um GAP de Continuidade durante um movimento forte de alta ou de baixa. Exemplo:

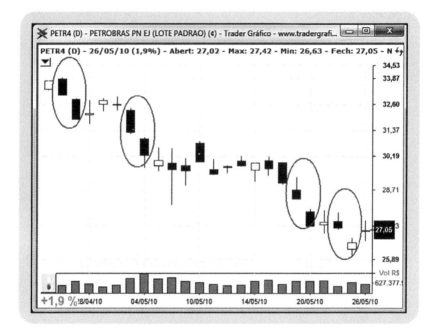

GAP de Exaustão

O *GAP de Exaustão* é facilmente confundido com o GAP de Continuidade, pois ocorre nas mesmas condições, porém seu significado é de que o final da tendência está próximo. Muitos investidores desenvolveram técnicas complexas para tentar distinguir um do outro, porém há uma forma muito mais fácil de fazer essa distinção: basta olhar o comportamento histórico do ativo analisado.

Cada ativo tem uma maneira própria de desenvolver os padrões de preço e de mostrar os GAPs. Então, se o gráfico diário de um ativo normalmente forma de dois a três GAPs em uma tendência bem definida, enquanto o gráfico diário de outro ativo forma de quatro a cinco GAPS, isso significa que, quando você observar o terceiro GAP de Continuidade do primeiro ativo ou o quinto GAP de Continuidade no segundo ativo, eles na verdade podem ser GAPs de Exaustão, e uma medida sábia seria começar a estreitar os STOPs e ficar mais atento a sinais de reversão.

Ilha de Reversão

Quando dois GAPs, um para cima e outro para baixo, ocorrem na mesma faixa de preço, separando o gráfico em duas áreas, temos uma figura muito forte, chamada *Ilha de Reversão*. O nome "Ilha" vem do fato de que uma parte do gráfico fica isolada do resto por uma faixa de preço sem negociação. Já a "Reversão" está associada ao movimento seguinte que quase sempre acompanha essa formação.

Essas figuras são bem raras, como todas as formações fortes da análise técnica. Porém, no final de maio de 2008, pudemos observar duas *Ilhas de Reversão* formadas ao mesmo tempo nos dois ativos mais negociados da Bovespa na época, PETR4 (Petrobras) e VALE5 (Vale). Logo depois, iniciou-se a correção que fez o Ibovespa ter perdas de mais de 10% no mês de junho daquele ano. Ou seja, após uma Ilha de Reversão, é prudente fechar posições compradas em aberto.

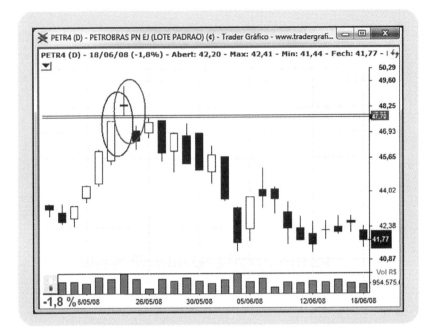

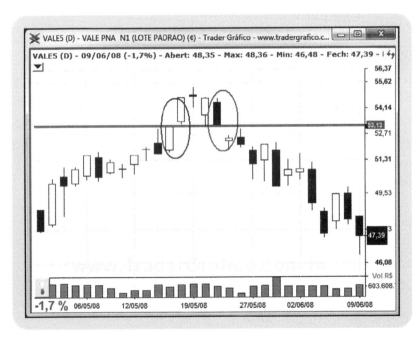

Movimento Direcional (DMI)

O *Movimento Direcional, DMI* (Directional Moving Index), é um estudo muito versátil. Tem a característica de definir a tendência atual de um ativo, além de emitir sinais de compra e venda e ainda prever reversões.

O *DMI* é desenhado em uma escala que vai de 0 a 100 e possui três linhas. Duas delas são chamadas de linhas de tendências: uma positiva, **DI+**, e outra negativa, **DI-**. A terceira linha é a chave para o sucesso desse indicador, chamada **ADX**. É uma média móvel da diferença entre DI+ e DI-.

Como normalmente ocorre nos estudos, quando a linha DI+ cruza a linha DI- para cima, temos uma indicação de início de tendência de alta, e quando a linha DI- cruza a DI+ para cima, temos a indicação do início de uma tendência de baixa. No entanto, podemos extrair desse estudo uma informação muito importante, que são os momentos de indefinição. Podemos utilizar a linha ADX para confirmar os cruzamentos de DI+ e DI-. Sempre que a linha ADX estiver subindo, é um sinal de que a tendência está ganhando força e, quando estiver caindo, a tendência está perdendo força.

Mais do que isso: se a linha ADX ficar acima das outras duas, temos um sinal de indefinição, que mostra uma exaustão da tendência anterior, seja de alta ou baixa, e possível reversão.

Como é necessário identificar o tempo de cada tendência, é comum utilizarmos o DMI em conjunto com outros indicadores, aguardando o sinal do DMI sobre qual a tendência atual e depois utilizando outro indicador para obter confirmações de sinais de compra ou venda de acordo com a tendência marcada.

A seguir, temos um exemplo do uso do DMI sozinho. Observe que as flechas para cima mostram compra, enquanto as flechas para baixo mostram venda.

Neste gráfico, utilizou-se um DMI de oito períodos, que mostra momentos de alta, baixa e indefinição intercalados, dando a noção de que o ideal é realmente confirmar os pontos de entrada e saída com outros indicadores. Porém, se aumentarmos seu período para 14 (padrão) ou 20, diminuiremos os espaços de indefinição e abriremos a possibilidade de utilizar o DMI para emitir sozinho os sinais de compra e venda, além de marcar o início de tendências.

Não é aconselhado usar os sinais de compra e venda se o ADX estiver muito próximo da sua mínima, pois isso significa que não há força para início de novas tendências. Sempre que o ADX estiver perto da máxima e formar um topo bem definido, teremos a indicação clara de reversão, seja de alta ou de baixa, porém essa indicação é vista apenas se o estudo estiver configurado em vinte períodos.

Sempre devemos ter em mente que o ideal é utilizar pelo menos mais um indicador com o DMI, embora seja possível utilizá-lo sozinho.

ESTOCÁSTICO

O Estocástico é formado por duas linhas: uma azul, rápida, chamada %K, e outra vermelha, lenta, chamada %D.

O Estocástico varia de 0 a 100% e analisa determinado período definido pelo investidor, cujo valor mais comum varia entre 9, 14 ou 20, e mostra o valor do último preço de fechamento em relação à faixa máximo–mínimo do período analisado. Segue sua fórmula de cálculo:

$$\%K = \frac{(P_{Fech} - Min_n)}{(Max_n - Min_n)} \times 100$$

Em que:

n = Número de dias

P_{Fech} = Último valor de fechamento

Max_n = Valor máximo do período n

Min_n = Valor mínimo do período n

Quando os preços de fechamento ficam próximos ao valor máximo, o Estocástico fica mais próximo de 100%, e quando ficam próximos do mínimo, aproxima-se de 0%.

Como ocorre em outros osciladores, como o Índice de Força Relativa, os sinais de compra e de venda estão relacionados com patamares fixos chamados *sobrecompra*, normalmente acima de 80%, e *sobrevenda*, em geral abaixo de 20%.

Dessa forma, quando o valor da linha rápida %K ultrapassa o valor de 20% (SV) de baixo para cima, é apontado um sinal de compra, e quando ultrapassa o valor de 80% (SC) de cima para baixo, é apontado um sinal de venda.

A linha vermelha, chamada de %D rápida, é uma média dos últimos três valores de %K. O chamado Estocástico Rápido é utilizado com a linha %K e a linha %D rápida, mas há também o Estocástico Lento, que é traçado com a linha %D rápida (dessa vez azul) contra uma nova linha %D lenta, que é a média dos últimos três valores de %D rápida.

A seguir, um exemplo de dois gráficos de Estocástico. Como qualquer oscilador, os estudos estocásticos funcionam melhor quando a tendência de preço está indefinida, isto é, nem alta nem baixa.

INDICADORES AVANÇADOS • 73

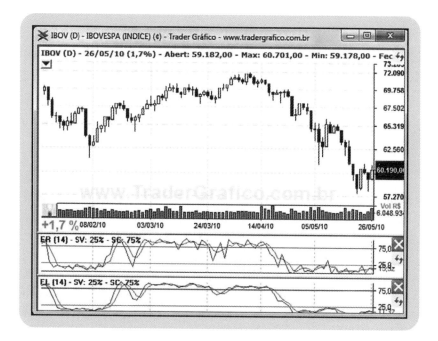

Agora, podemos transformar este estudo em um rastreador de tendências. Para isso, exploraremos melhor apenas o *Estocástico Rápido*. Esse estudo tem um comportamento peculiar, pois a maior parte de seu histórico encontra-se fora do intervalo sobrecompra-sobrevenda. Por isso descreveremos algumas regras para utilizar o Estocástico Rápido que diferem um pouco do tradicional, como se segue:

1. Por se tratar de um estudo muito rápido, variando de 0 a 100 e voltando para o zero em apenas algumas barras, fica mais fácil interpretar seus movimentos se configurarmos os sinais de compra e venda da seguinte forma:

   - **Compra**: quando o estudo cruza a reta de sobrecompra (normalmente 70% ou 80%) de baixo para cima;
   - **Venda**: quando o estudo cruza a reta de sobrevenda (em geral 30% ou 20%) de cima para baixo.

2. A configuração do período do estudo (normalmente 14) e dos percentuais das retas de sobrecompra e sobrevenda deve ser feita de modo que quase todo o gráfico fique acima da sobrecompra ou abaixo da sobrevenda. Ou seja, devemos nos esforçar para que as retas de sobrecompra e sobrevenda dividam claramente oscilações que ficam na parte de cima e oscilações na parte de baixo.

3. Devemos prestar atenção aos movimentos que entram em uma região e ficam lá, sem nos importarmos com seu valor nominal. Isto é, se o gráfico ficar acima da sobrecompra por alguns *candles*, estamos recebendo um sinal de compra, avisando que a tendência é de alta. O único sinal importante é o fato de estar acima da sobrecompra, não importando se o valor do estudo é 98% ou 85%, desde que ambos estejam acima da sobrecompra.

4. Movimentos de reversão são muito rápidos: em um dia você observa o estudo em 98% e dois dias depois já está em 3%. Isso normalmente ocorre sem aviso, mas, quando acontece, tende a ser definitivo, ou seja, se saiu da sobrecompra para a sobrevenda, deverá ficar lá.

5. Quando o gráfico do Estocástico Rápido troca de lado duas vezes seguidas, tipo compra-venda-compra ou venda-compra-venda, temos um sinal de indefinição que indica que não devemos fazer nada. Nem comprar nem vender, apenas aguardar.

Parabólico SAR (Stop and Reverse)

O sistema de operação Parabólico SAR (Stop and Reverse) se baseia no STOP, que é um ótimo aliado sempre que os mercados estão em alguma tendência, seja de alta ou de baixa.

O nome Parabólico vem da semelhança com uma parábola que o rastro de seu movimento deixa no gráfico, e SAR vem de *Stop and Reverse*, isto é, parar e reverter a operação.

O conceito se baseia na premissa de que o investidor sempre estará posicionado no mercado, seja comprado ou vendido a descoberto. Isso porque, sempre que esse sistema mostra um sinal de compra ou venda, o operador deverá fechar a posição em aberto e abrir uma posição no sentido contrário. Obviamente, se o investidor não quiser reverter a posição, ele não precisa, mas o sistema Parabólico SAR continua trabalhando como se isso tivesse sido feito.

Deve-se tomar cuidado com o fato de que o STOP sugerido pelo Parabólico SAR é móvel, ou seja, muda de valor a cada dia até que os preços o interrompam. Então um novo STOP é imediatamente calculado na direção contrária, presumindo que o operador fechou a posição anterior e abriu uma nova no sentido contrário.

A fórmula para seu cálculo é a seguinte:

$$STOP_{d-1} = STOP_d + (FA \times (PE - STOP_d))$$

Em que:

$STOP_{d-1}$ = STOP do próximo dia útil

$STOP_d$ = STOP do dia atual

FA = Fator de aceleração, normalmente começa em 0,02 (2%), com um máximo de 0,2 (20%)

PE = Ponto extremo do dia da negociação. Se for compra, é a máxima do dia da compra, se for venda, é a mínima do dia da venda

A seguir, vemos um exemplo do Parabólico SAR no gráfico do Ibovespa:

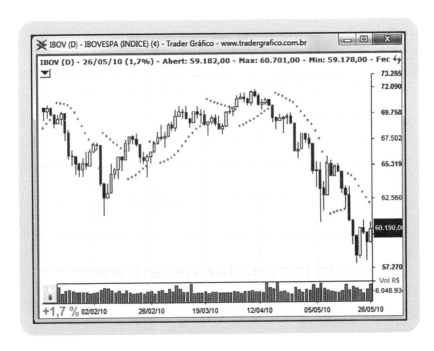

As marcações que ocorrem dentro do gráfico dia após dia são os novos patamares de STOP. Assim que um STOP é atingido, o estudo presume a inversão e troca de lado.

É importante entender que o Parabólico SAR usa, além do preço, o fator tempo para emitir os sinais. Desse modo, só deve ser usado se o ativo analisado estiver em tendência de alta ou de baixa; caso a análise esteja sendo feita para um ativo cujo preço está andando "de lado", ou seja, sem grandes variações, o sistema Parabólico SAR não produz resultados satisfatórios.

O indicador DMI, apresentado no tópico anterior, é uma boa escolha para cruzar sinais de compra com o Parabólico SAR. Deve-se realizar uma compra se os dois indicadores indicarem compra na mesma barra, mas a saída, isto é, a venda, deve ser feita apenas com base no Parabólico SAR, pois é um cálculo de STOP móvel e por isso não precisa de auxílio ou confirmação para fechar posições. Isso fará com que grande parte dos falsos sinais dados pelo Parabólico SAR em momentos sem tendência seja filtrada.

Por fim, também é importante notar que esse é um sistema para uso em gráficos diários; não é utilizável em gráficos intraday devido à distorção dos STOPs calculados.

3. OS SUPERSINAIS

OS SUPERSINAIS SÃO UMA NOVA geração de estudos que nasceu da possibilidade que a tecnologia atual nos dá para automatizar decisões até então humanas. No passado, ninguém pensou em criar regras condicionais de operação dentro de um indicador. Dois bons exemplos são os estudos MACD e IFR, que consistem em cálculos simples que devem ser interpretados pelo investidor no momento em que se deseja utilizá-los. Isso se explica pelo fato de a tecnologia de trinta ou quarenta anos atrás ser muito mais limitada que a de hoje, e as regras condicionais de programação de indicadores tornariam os estudos inviáveis aos computadores domésticos da época.

Algumas das regras mencionadas nos estudos anteriores, como haver GAP de confirmação de rompimento de resistência, apresentar alta de volume no sinal de compra ou só efetuar compras em dias de alta, são simplesmente adicionadas às regras matemáticas, de modo que o Superestudo identifique uma compra, faça a verificação de volume, GAP ou qualquer outra regra desejada e só então marque um sinal de compra no gráfico. Em casos de indefinição após uma alta, é possível manter o sinal de alta, o mesmo ocorrendo nas baixas. Ou seja, podemos programar os "cuidados", antes vistos a olho nu, no próprio indicador.

Isso fará com que você, investidor, não precise se preocupar com regras mecânicas de operação, mas sim com a gestão do dinheiro e com a tomada de decisão sobre qual a melhor ação a ser comprada. Ou seja, nunca mais precisará ficar aumentando o zoom de um gráfico para ver se de fato há um sinal de compra ou venda. Os sinais de compra serão abundantes para vários papéis e sua capacidade de enxergar oportunidades será quase ilimitada, uma vez que grande parte do bom-senso da análise é programada dentro do indicador.

É importante lembrar que de forma alguma tenho a pretensão de substituir o operador humano, embora isso já seja uma realidade em muitos mercados. Desejo apenas "turbinar" o poder de análise das pessoas que gostam de investir e fazer parte do mercado de ações, pois com os Supersinais você fará dezenas de análises utilizando o mesmo tempo necessário para fazer apenas uma com os indicadores comuns.

Para demonstrar a eficácia, criei uma tabela comparativa dos Supersinais em relação aos estudos comuns mais conhecidos. Apliquei todos os estudos escolhidos no gráfico diário do Ibovespa de julho de 1994 até maio de 2010, com uma aplicação inicial hipotética de R$10 mil. Nesse período, a inflação acumulada no Brasil medida pelo IBGE foi de 261,3%,[*] e o ganho do Ibovespa, de 1.611%. Se algum estudo apontar ganho superior a 1.611%, temos um fator extraordinário de antecipação de tendências, pois isso só ocorrerá se o estudo marcar, na maioria das vezes, venda antes das baixas e compra antes das altas.

O gráfico do Ibovespa foi escolhido por não sofrer ajustes de preço por causa de proventos e outras correções; e o ano de 1994 foi escolhido como inicial para pegarmos o gráfico todo na mesma moeda, o real. De modo algum esse comparativo deve ser utilizado para desmerecer estudos comuns. O que desejo demonstrar é que os Supersinais, por trazerem mais regras de confirmação, têm desempenho superior aos estudos usuais com estratégias computacionais automatizadas, isto é, aquelas sem a intervenção do investidor na tomada de decisão.

Nem todos os estudos avaliados nesse comparativo foram ou serão abordados neste livro. O objetivo da comparação é apenas mostrar a diferença de rendimento das duas gerações de estudos, e não definir qual deles é o melhor. Os estudos avaliados foram:

Comuns

Estocástico Rápido (14, 20, 80); Estocástico Puro (14, 20, 80); DMI (14); MACD (12, 26, 9); Histograma MACD (12, 26, 9) – 2ª Divergência; Oscilador Didi (3, 8, 20); Índice de Força Relativa (14, 20, 80); Chaiking Money Flow (21).

---

[*] *https://www.ibge.gov.br/home/presidencia/noticias/imprensa/ppts/00000010305610112012563605115722.xls*

Super

Acumulação Estatística (21); Superacumulação Estatística (21, 56, 10); Superagulhadas (3, 8, 20); Supercontagem (10); Supersinal (21, 56, 10); Super MMS – Diário (70, 40).

Simulamos uma corretagem fixa de R$15 e emolumentos de 0,035%. O ranking está ordenado por quatro critérios: o primeiro é o ganho total (%) do período de 4 de julho de 1994 a 27 de maio de 2010, que ganhou peso três por ser o mais importante. Os demais critérios, todos com peso um, são o percentual de operações lucrativas, o percentual de ganho por operação e o percentual de ganho por cada dia de operação. Se dermos uma nota de 1 a 14 para cada estudo em cada critério (pois foram avaliados 14 estudos), com a maior nota para o primeiro colocado (14) e a menor para o último (1), e depois somarmos todos os critérios, lembrando que o ganho geral percentual será multiplicado por três, teremos um ranking final que alia os estudos que deram maior rentabilidade no longo prazo e também no curto prazo. Os resultados finais encontram-se na tabela a seguir:

Estudo	Operações	Acertos	Custo	Ganho $	Ganho %	Ganho/Op	Ganho/Dia	Rk1	Rk2	Rk3	Rk4	Nota	Rk Geral
Acumulação Estatística (21)	45	62,2%	3.693,28	188.134,93	1881,35%	41,81%	0,51%	1	2	2	1	82	1
Superacum. est. (21, 56, 10)	29	55,2%	2.106,43	147.221,61	1472,22%	50,77%	0,37%	2	5	1	2	76	2
Supercontagem (10)	79	57,0%	4.347,67	90.046,21	900,46%	11,40%	0,32%	3	4	6	3	68	3
SuperMMS – Diário (70, 40)	58	50,0%	3.500,84	88.904,35	889,04%	15,33%	0,28%	4	8	4	6	60	4
Supersinal (21, 56, 10)	60	58,3%	3.365,36	88.338,23	883,38%	14,72%	0,23%	5	3	5	8	59	5
Superagulhadas (3, 8, 20)	11	54,6%	477,96	38.652,56	386,53%	35,14%	0,28%	8	6	3	5	52	6
Est. Rápido (14, 20, 80)	443	44,0%	30.855,33	84.232,41	842,32%	1,90%	0,32%	6	9	11	4	48	7
DMI (14)	124	37,9%	6.252,57	52.546,30	525,46%	4,24%	0,26%	7	12	8	7	42	8
Histo. MACD (12, 26, 9)	16	75,0%	764,41	17.548,91	175,49%	10,97%	0,06%	11	1	7	10	39	9
Osc. Didi (3, 8, 20)	90	36,7%	4.270,68	24.776,74	247,77%	2,75%	0,10%	9	13	9	9	32	10
MACD (12, 26, 9)	161	40,4%	7.505,78	19.381,26	193,81%	1,20%	0,06%	10	11	12	11	26	11
IFR (14, 20, 80)	27	51,9%	1.035,25	7.335,46	73,35%	2,72%	0,03%	13	7	10	13	21	12
Chaiking Money Flow (21)	129	34,1%	5.224,08	13.803,21	138,03%	1,07%	0,04%	12	14	13	12	15	13
Estocástico Puro (14, 20, 80)	96	42,7%	3.209,80	-8.135,86	-81,36%	-0,85%	-0,04%	14	10	14	14	10	14
~Superestudos	47	56,2%	2.915,26	106.882,98	1068,83%	28,20%	0,33%	4	5	4	4	66	1
~Estudos	136	45,3%	7.389,74	26.436,05	264,36%	3,00%	0,10%	10	10	11	10	29	2

Notem que, dos 14 estudos avaliados, os seis Supersinais ocupam as primeiras posições, enquanto estudos consagrados como MACD e IFR ficaram com as últimas.

O ranking por categoria também demonstra a diferença entre as duas gerações de estudos, enquanto o ganho geral médio do período para os Superestudos foi de 1068%, o mesmo valor para os estudos comuns não passou de 264%, ou seja, praticamente zero, quando descontada a inflação do período (261,3%).

Isso quer dizer que, para uma estratégia de automatização de regras de compra e venda, os indicadores tradicionais não são bons, pois seus sinais falsos devem ser filtrados pelo bom senso e a experiência do investidor na hora de usá-los. Assim, um investidor experiente poderia ter feito com que o MACD rendesse muito mais usando seu conhecimento de mercado, enquanto a maioria dos investidores não conseguiria melhorar esse desempenho.

Já com os Supersinais, o investidor apenas segue as tendências; se ele for experiente e conseguir decifrar os momentos do mercado, terá resultados ainda melhores do que os mostrados aqui, mas se for um investidor iniciante, também terá, no mínimo, o lucro aqui mostrado.

Observe que o estudo melhor colocado no ranking geral, a Acumulação Estatística, obtive um ganho total de 1.881%, ou seja, muito superior ao desempenho do gráfico no período todo, que foi de 1.611%, e isso sem a interferência humana; apenas com regras automatizadas. Por isso, não há como comparar essas duas gerações de estudos, e quando você entender profundamente esse conceito, fará uma completa revolução em seus investimentos.

O Supersinal

É um estudo desenvolvido por mim e que consiste em mesclar os melhores sinais e conceitos da análise gráfica em um único indicador, por isso o chamei de *Supersinal.*

Antes de começarmos, devo alertar que este estudo foi desenvolvido para dar *sinais de compra,* isto é, sinais que serão usados para iniciar uma operação comprada em que a saída é apenas uma venda para o fechamento da compra efetuada. Caso a lógica de programação seja invertida, ele pode ser adaptado para operar em vendas a descoberto, o que não é o caso neste texto. Além disso, o presente estudo se aplica melhor a gráficos diários.

Para montar o Supersinal, precisaremos calcular as seguintes linhas:

1. Uma Média Móvel Simples dos preços de fechamento, com parâmetro recomendado de 21 períodos.

2. O Desvio Padrão dos preços de fechamento, com parâmetro recomendado de 56 períodos.

3. Uma Média Móvel Simples da Linha 2 já calculada, com parâmetro recomendado de dez períodos.

4. Uma função lógica que faça nosso estudo variar entre +1.000 e -1.000:

   - se o fechamento atual for maior que a linha 1, enquanto a linha 2 é menor que a linha 3, nossa função deve ter o valor **+1.000**;
   - se o fechamento atual for menor que a linha 1, enquanto a linha 2 é maior que a linha 3, nossa função deve ter o valor **-1.000**;

- caso nenhuma das condições seja alcançada, o valor da função deve ser igual ao calculado para a barra anterior.

Sabemos que, se o preço de fechamento for maior que sua média móvel simples, teremos um sinal fraco de compra, e o inverso será um sinal fraco de venda. Também sabemos que, quando os preços estão se movimentando em tendência, seu desvio padrão cresce, diminuindo quando os preços se estabilizam em um patamar qualquer.

O desvio padrão é utilizado com muita eficácia no estudo Bandas de Bollinger, e aqui tem função semelhante, embora limitada a uma única interpretação. Analisaremos o desvio padrão de 56 períodos contra sua Média Móvel Simples de dez períodos, ou seja, ele contra ele mesmo atrasado. Com isso, veremos se os preços estão estabilizando ou acelerando, e aliaremos a lógica de mercado a esse efeito.

Devemos estar cientes de que os preços caem muito mais rápido do que sobem. Dessa forma, analisaremos sinais de compra quando os preços estiverem se estabilizando, isto é, quando a linha 3 (MMS do desvio padrão) for maior do que a linha 2 (desvio padrão). E analisaremos os sinais de venda quando os preços estiverem acelerando, pois são sinais mais rápidos, quando a linha 2 for maior do que a linha 3.

Para colocar tudo isso em prática, cruzaremos os dois sinais: o primeiro será o cruzamento do Fechamento com a sua Média Móvel Simples de 21 períodos, e o segundo sinal será o cruzamento do desvio padrão de 56 períodos com sua Média Móvel Simples de dez períodos.

Quando o fechamento for maior do que a MMS de 21 e o desvio padrão estiver estabilizando, *teremos compra*. Quando o fechamento for menor do que a MMS de 21 e o desvio padrão estiver crescendo, *teremos venda*.

Note que essa regra está descrita na função que cria a linha 4 do estudo. Desse modo, quando a linha 4 for igual a +1.000, teremos compra, e quando for igual a -1.000, teremos venda. Se for igual a zero, estaremos fora do mercado aguardando o primeiro sinal.

A seguir, o resultado do estudo aplicado ao gráfico diário do Ibovespa. Como o desvio padrão do IBOV é maior do que 1.000, conseguimos ver as linhas 2 e 3 se cruzando. Se aplicarmos esse estudo em ações, veremos apenas a linha 4, pois as outras linhas ficarão muito próximas do zero.

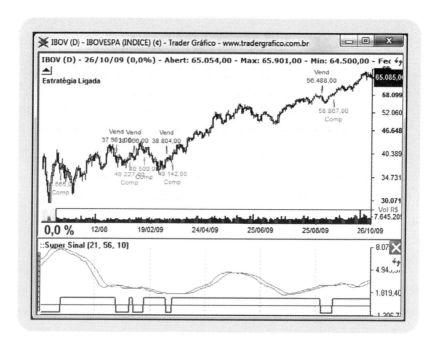

Nessa imagem, o *Supersinal* foi utilizado tanto no sinal de compra como no sinal de venda, mas vale lembrar que teremos melhores sinais de saída se aliarmos este estudo a outros, como a Acumulação Estatística, que veremos a seguir.

ACUMULAÇÃO ESTATÍSTICA

A Acumulação Estatística é uma combinação de média e desvio padrão, com o objetivo de encontrar tendências de curto e médio prazo, ou seja, de períodos de alguns dias até poucos meses.

Para fazer esse estudo, basta ter uma média móvel simples e seu desvio padrão para um período determinado, normalmente 21 *candles*. De posse desses dados, calcularemos as linhas:

$$Linha\ 1 = \frac{(Fech - MMS_{21})}{DesvPad_{21}}$$

$$Linha\ 2 = MMS_{21\,da\,linha1}$$

Em que:

Fech = Valor de fechamento anual

MMS_{21} = Média Móvel Simples dos fechamentos das últimas 21 barras

$DesvPad_{21}$ = Desvio padrão dos fechamentos das últimas 21 barras

$MMS_{21\,da\,linha1}$ = Média Móvel Simples da Linha 1 das últimas 21 barras

Assim, teremos a linha 1 oscilando entre valores positivos e negativos, cujo valor em módulo, isto é, desconsiderando se é positivo ou negativo, corresponde ao percentual do desvio padrão relativo ao último preço *versus* a média; e o sinal positivo ou negativo mostra o sentido da tendência do último *candle* (positivo para altas e negativo para baixas).

Com isso, estamos observando uma linha padronizada que mostra a tendência atual do gráfico. Quando criamos uma média móvel desta linha, a Linha 2, atenuamos a velocidade do sinal e conseguimos ver uma tendência confirmada do ativo. Sempre que a linha 2 for positiva e o dia atual for de alta, com a mínima de hoje maior ou igual à mínima de ontem, teremos compra, e quando todas essas condições forem negativas, teremos venda.

Este estudo é um rastreador de tendências e, para que os resultados sejam satisfatórios, deve ser utilizado em gráficos diários com volume de negociação alto e constante.

A seguir, um exemplo do estudo de Acumulação Estatística. Perceba como se trata de um estudo estável, ou seja, opera pouco, com um bom posicionamento de preço, pegando topos e fundos no início, e também com boa projeção de tempo, ficando comprado o tempo necessário para o desenvolvimento da tendência.

Tudo isso faz da Acumulação Estatística o melhor estudo automatizado para gráficos diários, facilitando bastante a análise dos investidores que a utilizam.

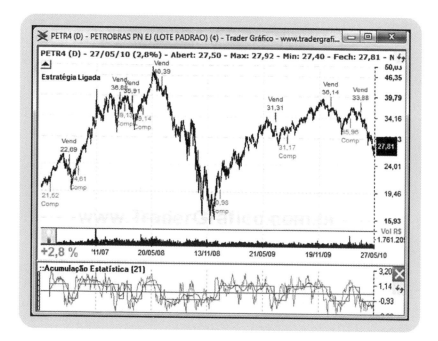

SUPERACUMULAÇÃO ESTATÍSTICA

Do cruzamento do Supersinal com a Acumulação Estatística, temos a Superacumulação Estatística. Indicado apenas para gráficos diários de Blue-Chips (as ações mais negociadas da Bovespa), este estudo tem o poder de ficar comprado em tendências longas, protegendo as operações de quedas bruscas e, ao mesmo tempo, mantendo o sinal comprado durante toda a tendência, aproveitando-a por completo, com custos de operação reduzidos. Note que a venda de 30 de junho de 2009, no valor de R$31,31 do gráfico anterior, e sua consequente compra não estão mais visíveis no gráfico a seguir, que marcou uma única compra a R$20,98 e mantém essa compra até janeiro de 2010 em R$35,84, com 70,8% de ganho em uma única operação automatizada de pouco mais de um ano de duração.

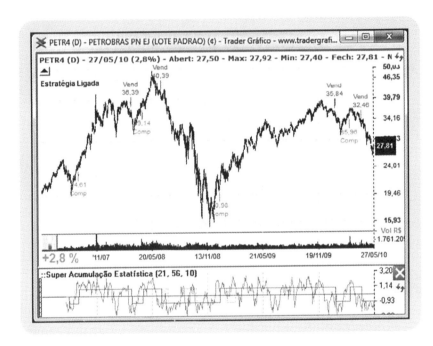

Nessa imagem podemos perceber outro comportamento importante dos Supersinais: a proteção em caso de virada de tendência. É possível notar que, no último sinal de compra e venda do gráfico, temos uma venda com valor mais baixo do que a compra, isto é, com prejuízo. Isso ocorre porque a tendência virou logo após a sinalização de compra e o estudo marcou a venda com pequeno prejuízo, simulando o que seria uma ordem STOP. Ou seja, se o investidor puder acompanhar diariamente suas posições, não precisará mais cadastrar ordens STOP em sua corretora, pois receberá a sinalização da venda caso a tendência mude durante sua operação, comportamento ao qual todos que investem na bolsa estão sujeitos.

Super MMS – Gráficos Intraday

Os Superestudos apresentam especializações em sinais de longo, médio e curto prazos. Nosso tópico agora é sobre um estudo de curtíssimo prazo, na modalidade normalmente chamada de Swing Trade, a *Supermédia Móvel Simples para gráficos Intraday de 15 e 30 minutos.* Estejam atentos, pois utilizar gráficos intraday **não é igual a fazer day trade**. Utilizaremos estes gráficos para ficar de um a 15 dias comprados em determinado papel.

O *Super*, como já explicado, significa que muitas variáveis são tratadas no mesmo estudo, dispensando o investidor de cruzar estudos, prestar atenção a detalhes como volumes e padrões de *candles* ou de verificar a tendência primária do papel. Nossa *SUPER MMS* faz tudo isso em um gráfico de apenas três linhas. A seguir, a explicação para como esse comportamento é possível:

1. Crie uma função simples em que:

   - se o fechamento da barra atual for maior que uma Média Móvel Simples de 56 períodos e também for maior que a abertura da barra atual, você receba um sinal de compra representado pelo número +1;

- se o fechamento da barra atual for menor que uma Média Móvel Simples de 56 períodos e também for menor que a abertura da barra atual, você receba um sinal de venda representado pelo número -1;
- se nenhuma das possibilidades anteriores for verdadeira, você deve repetir o número encontrado na barra anterior.

2. Faça uma Média Móvel Simples de 18 períodos da linha 1 anterior.

3. Essa será a Superlinha. Mais uma função:

- se a linha 1 for igual a +1 e a linha 2 for maior do que zero, você receberá um sinal de compra representado pelo número +1;
- se a linha 1 for igual a -1 e a linha 2 for menor do que zero, você receberá um sinal de venda representado pelo número -1;
- se nenhuma das possibilidades anteriores for verdadeira, você deve repetir o número encontrado na barra anterior.

Agora basta abrir gráficos de ações no período Intraday de 15 ou 30 minutos e comprar quando a linha 3 for igual a +1 e vender quando for igual a -1.

A seguir, uma imagem do estudo:

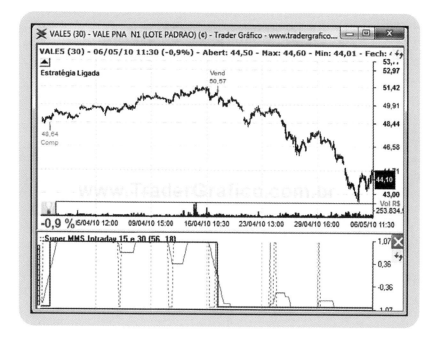

Note que este estudo não é milagroso; é inteligente. Fica praticamente de fora dos mercados de baixa e fica comprado quase todo o tempo em mercados de alta. Assim, restringe os prejuízos a valores pequenos e eleva os lucros a patamares mais altos. O ideal é utilizar este estudo em papéis que tenham grande volatilidade. Nesse exemplo temos pouco mais de um mês de negociação em um gráfico de 30 minutos de VALE PN.

Super MMS – Gráficos Semanais

Modificando os parâmetros do estudo anterior, abordaremos um tema tradicional: os gráficos semanais. Esquecidos por muitos por causa de sua lentidão intrínseca, esses gráficos são perfeitos para definições de tendências de longo prazo, aquelas que devem ser nosso primeiro sinal de compra ou venda, posteriormente confirmadas em gráficos diários e até Intraday.

Baseados novamente em Médias Móveis Simples e em regras de compra e venda comuns aos grafistas, montaremos uma Super MMS de longo prazo. Este estudo apresenta resultados extraordinários em gráficos semanais, e hoje é o melhor parceiro das análises de longo prazo. Diferentemente dos outros Supersinais, pode ser aplicado também a ações de segunda linha, ou seja, com menos negociação em bolsa. Isso visa auxiliar o investidor em praticamente qualquer decisão de investimento, pois sua tendência não depende tanto de volatilidade, devido ao longo tempo utilizado em sua formação.

As regras de operação são bem simples, embora seja um estudo da nova geração. Seguem as fórmulas:

- **Compra:**

  Quando o fechamento for maior que as Médias Móveis Simples de 14 e 8 períodos.

- **Venda:**

  Quando o fechamento for menor que a Média Móvel Simples de 8 períodos e também for menor que a abertura da própria semana.

Se nenhuma condição for verdadeira, o estudo mantém o sinal do *candle* anterior.

Essas regras foram propositalmente criadas para beneficiar as *operações compradas*, isto é, não recomendo vendas a descoberto seguindo este estudo. Para operar vendido, inverta a lógica dessas regras e crie outro estudo.

A vantagem deste estudo é deixar você comprado nas altas e de fora das baixas, mesmo que sejam correções de preço curtas. Assim, mesmo que ele não pegue todo o potencial de uma alta, o simples fato de proteger você de quase todas as baixas já o deixa entre os melhores estudos para aplicação em gráficos semanais.

Não é interessante, e não surte o mesmo efeito, usar a Super MMS em gráficos diários, mesmo que com histórico longo. Adaptaremos este estudo aos gráficos diários mais adiante.

Um efeito negativo, mas esperado, deste estudo é, na maioria dos casos, ter uma rentabilidade inferior aos estudos diários (como Acumulação Estatística ou Supersinal), pois analisamos as ações apenas na sexta-feira, ignorando os outros dias da semana. Isso permite que pessoas que não têm tempo de acompanhar o pregão todos os dias também possam operar em bolsa, mas é fato que acompanhar os gráficos todos os dias com esta e também com outras estratégias aqui descritas tornará os lucros consideravelmente maiores.

A seguir, vemos um gráfico semanal do Ibovespa com a Super MMS. Note que as altas são marcadas pelo estudo desde o começo das tendências, e sempre que há uma correção mais forte, há um sinal de venda. Se a correção não se confirma, voltamos a ter compra, mas se ela se transforma na tendência principal, como ocorreu em meados de 2008 antes da piora da crise dos EUA, o estudo mantém o sinal de venda.

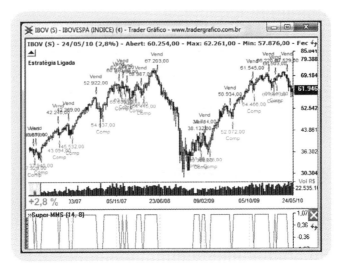

Veja sinal similar em Petrobras e Vale, as duas ações mais negociadas da Bovespa, além de Natura e Net, duas ações de boa negociação (na época), porém em menor quantidade. Todas indicam os momentos certos de ficar de fora e de ficar comprado. Lembrando que são todos gráficos semanais.

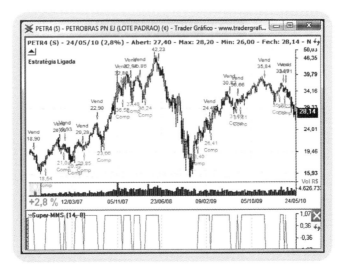

Os Supersinais • 97

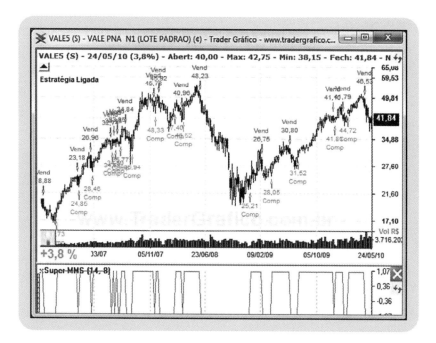

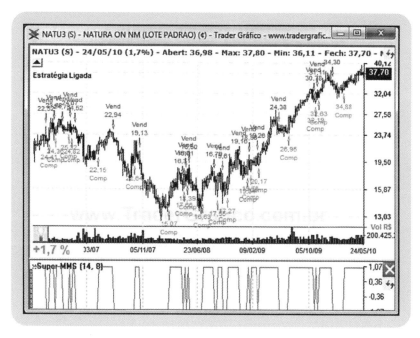

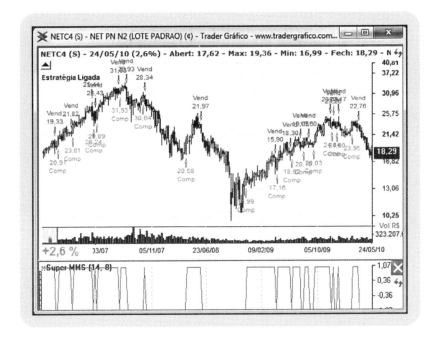

Esse mesmo efeito de proteção contra tendências primárias de baixa será visualizado em praticamente qualquer ação, o que torna este estudo útil em duas frentes de operação.

1. Como sinal primário, para gráficos diários. Ou seja, um sinal de compra no semanal via Super MMS libera a utilização de gráficos diários com outros estudos. Nesse caso, a venda deve ocorrer primeiro nos gráficos diários e depois nos semanais, pois a tendência de baixa começa a ser sentida antes no diário. Caso isso não ocorra, a venda no semanal também serve para o diário. Com essa finalidade, podemos utilizar uma variação deste estudo chamada Super MMS – Diário, pois terá praticamente o mesmo efeito do semanal, mas o gráfico diário permitirá que o investidor utilize outros estudos no mesmo gráfico, como a Acumulação Estatística e o Supersinal.

2. Como sinal único de compra e venda para investidores tranquilos. Assim, efetua-se a operação de compra e venda sempre no último dia da semana (sexta-feira), mediante um sinal do gráfico semanal com a Super MMS. Devemos ficar alertas para o fato de que a Super MMS tende a dar sinais falsos em gráficos sem tendência, portanto essa estratégia só é recomendada para ações cujos preços costumam oscilar bastante durante o ano, mesmo que seu volume de negociação não seja muito alto.

SUPER MMS – DIÁRIO

Este estudo é o mesmo Super MMS anterior, porém visto dentro de gráficos diários, em vez de semanais. Para isso, utilizaremos um artifício matemático, englobando as barras de cinco em cinco dias para simular uma semana. Como esse efeito não leva em conta os feriados, poderemos englobar dias de abertura e fechamento que não são segundas e sextas-feiras, por isso não o utilizaremos para operar diretamente, mas para verificar como está a tendência majoritária de uma ação antes de tomar uma decisão.

Para fazer isso, teremos uma função que será nossa linha 1 e contará as barras de um a cinco; sempre que essa função for igual a cinco, retornaremos a contagem para o número um e marcaremos na linha 2 o preço de fechamento dessa barra; nos outros dias (de 2 a 5), o preço marcado na linha 2 será igual a zero. Faremos uma média da linha 2 longa de 70 dias, em vez de 14, e uma média curta de 40 dias, em vez de oito. Ambas essas médias devem ser multiplicadas por cinco, pois como a Linha 2 intercala um preço real com quatro zeros, teremos o valor real da média diluído por cinco, e multiplicando esse mesmo valor de volta, reconstituímos seu conteúdo. A regra de operação entre as médias longa e curta é igual ao estudo semanal. Uma vez reconstituído o valor das médias, seguimos as mesmas condicionais.

A seguir temos dois gráficos da Petrobras. No primeiro, um gráfico diário com a Super MMS – Diário; no segundo, um gráfico semanal com a Super MMS, ambos representando o mesmo período de tempo. Note como, no gráfico diário, temos indicações de compra e venda muito parecidas com os do semanal, permitindo que o investidor analise uma tendência longa e outra curta ao mesmo tempo, sem precisar mudar de gráfico e desviar a atenção das movimentações diárias mais rápidas.

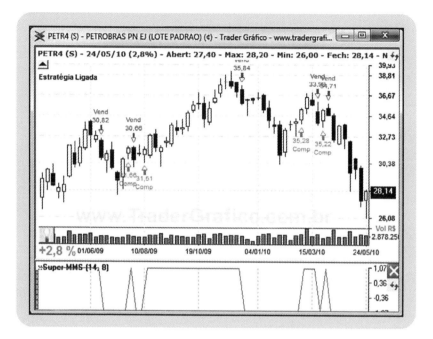

SUPERCANDLESTICKS – TRÊS PADRÕES DE ALTO DESEMPENHO

Os gráficos de *candlestick*, já citados anteriormente, são muito mais do que figuras coloridas que facilitam a visualização da oscilação diária. Desde o mercado de arroz do Japão feudal do século XVII, os *candles* são interpretados por seu formato, conjunto e local de aparição, visando antecipar reversões e perda de força em tendências.

Muito se fala sobre esses padrões, mas como saber se funcionam mesmo na prática? E também como saber quando usá-los e qual o seu conceito? Essas são algumas perguntas que tentarei desmistificar aqui.

Em primeiro lugar, devemos entender que, no Japão de séculos atrás, não havia computadores nem gráficos Intraday; o que se podia usar de forma rápida e eficiente eram os preços de abertura, máxima, mínima e fechamento do dia. Com base nisso, os japoneses criaram uma metodologia de análise que vai além desses quatro preços, em que o resultado final é nitidamente superior à soma das partes. Eles faziam a análise do Intraday do pregão pura e simplesmente analisando esses quatro preços, identificando padrões que se repetiam e interpretando o comportamento do(s) próximo(s) dia(s) com base nesses padrões. Aqui tiramos a primeira lição: a análise de *candles* é válida em gráficos diários, pois cada *candle* desses gráficos possui abertura e fechamento formados por leilão em consenso de mercado. Essa análise não é válida para gráficos Intraday, pois os preços de abertura e fechamento em muitos desses *candles* são fracos, ou seja, formados por um único negócio, e deterioram a análise a tal ponto que chegamos a ter mais sinais de compra e venda falsos do que verdadeiros.

Agora precisamos saber quais são esses padrões. Devo relatar que, em meus estudos, eu ficava muito entusiasmado com os padrões que encontrava na literatura, pois os considerava maravilhosos e não entendia por que não eram usados com mais frequência nas operações de outros investidores. Resolvi, então, testá-los um a um. Escolhia um padrão de *candles* que já havia estudado bastante, configurava no meu software de análise gráfica e contava quantos acertos automatizados poderíamos ter obtido no passado observando apenas aquele sinal. Depois escolhia outro padrão e fazia a mesma coisa, até passar por todos os padrões mais conhecidos. Cheguei a uma conclusão estarrecedora: a maioria daqueles maravilhosos padrões não funcionava no longo prazo, podiam dar certo algumas vezes, porém apareciam muitas vezes e induziam o investidor a apostar na direção errada, o que creditava os sinais certos à pura sorte, já que, na média, tínhamos mais erros.

Como já coloquei, não desejo desmerecer os estudiosos desses padrões, pois sei que muitos criaram métodos de confirmação para se desviar dos sinais falsos. No entanto, tenho plena e absoluta certeza de que só vale a pena analisar padrões complexos se seu rendimento e eficácia forem comprovados sem que haja necessidade de aguardar um ou dois dias de confirmações. Acredito que, se um padrão formado por três *candles* precisar de mais dois dias, ou dois *candles*, para ser confirmado, totalizando assim cinco dias para a confirmação de um sinal de compra ou venda, então não temos nenhum ganho de eficiência em relação a estudos muito mais simples, como a análise de topos e fundos, em que apenas máximas mais altas e mínimas mais baixas são analisadas.

Então proponho analisarmos apenas alguns padrões de *candles*, não todos. Alguns são realmente muito eficientes e, não por acaso, muito parecidos entre si. Citarei aqui apenas os nomes dos padrões que deram certo nos meus testes; não vou citar os outros padrões para não confundir o leitor. Padrões escolhidos para utilização por terem alto desempenho:

- Bebê Abandonado (formado por três *candles*)
- Estrelas de Alta e de Baixa (formadas por três *candles*)
- Envolvente de Alta e de Baixa (formado por dois *candles*)
- Piercing Line (alta) e Nuvem Negra (baixa, ambos formados por dois *candles*)

Desses quatro padrões de alto desempenho, consegui unir dois na mesma programação, excluindo as Estrelas e mantendo apenas o Bebê Abandonado, mas devo fazer mais um alerta. A operação iniciada por um padrão de *candles* não deve, necessariamente, ser terminada pelo mesmo padrão no sentido contrário, ou ainda por outro padrão no sentido contrário. Ou seja, se o investidor compra com base em um Bebê Abandonado, provavelmente não vai ver outro Bebê Abandonado quando chegar a hora de vender, pois os sinais são descasados e pode ser que, em determinada ação, apenas sinais de compra sejam dados com eficiência pelos padrões de *candles*, sendo que o investidor deve aplicar outras técnicas para realizar a venda, e vice-versa.

Parece pouca coisa, mas levei alguns anos só para entender essas regras simples que descrevi até aqui. Agora, entenderemos como operar com esses padrões. Minha dica é mesclar operações com análise de *candles* e análise técnica clássica, em que as linhas de tendência, suportes, resistências e figuras são muito importantes. Assim, o investidor pode, por exemplo, fazer uma compra com base em um padrão de *candles*, acompanhar a evolução dos preços e, consequentemente, a formação de uma linha de tendência de alta e vender no rompimento dessa linha de tendência. Na outra ponta, se o investidor estiver comprado em alguma ação e identificar um padrão de venda nos *candles*, pode encerrar sua posição vendendo suas ações.

Por fim, existem ações que dão melhores sinais do que outras para a análise de *candlesticks*. Nas minhas análises, a ação da VALE PN (VALE5 – futuramente convertida em VALE3) foi a que demonstrou melhor desempenho entre as maiores empresas da Bovespa; por isso, ao final desta explanação, quando mostrarei como operar de forma ampla com os três padrões simultaneamente, vou utilizá-la como exemplo.

Candlestick – Bebê Abandonado

O padrão Bebê Abandonado é, por definição, uma Ilha de Reversão, já vista anteriormente. Os nomes mudam porque são duas escolas diferentes – a japonesa e a norte-americana –, mas o sinal é o mesmo. Observe as formações a seguir. No primeiro gráfico, da Petrobras, podemos ver uma formação bem nítida de topo. No *candle* de 21 de maio de 2008, os preços de abertura, fechamento, máxima e mínima estão todos acima do patamar de R$47,70. Já seus vizinhos da esquerda e direita estão com todos os seus preços abaixo desse mesmo valor. O fato de termos esse GAP entre as máximas dos *candles* de baixo e a mínima do *candle* isolado de cima configura o que chamamos de Bebê Abandonado, ou seja, um *candle* sozinho em uma faixa de preço ocupada apenas por ele. Essa figura é um sinal forte de baixa e nos fornece uma indicação de venda no fechamento do dia seguinte ao Bebê Abandonado, quando o padrão se confirma.

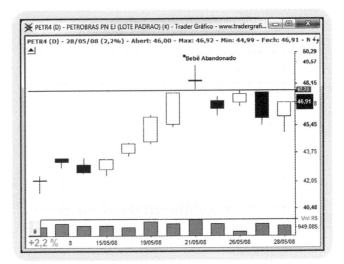

A seguir, a continuação desse gráfico, seis meses após o aparecimento do padrão, apenas para demonstrar o quão forte é este sinal.

Já na formação seguinte, da Vale PN, temos algo muito semelhante, só que no sentido inverso. Agora há uma formação de fundo, em que a diferença do padrão anterior consiste no fato de que não há um GAP entre as máximas e mínimas dos *candles*; esses preços estão nitidamente sobrepostos. Essa formação é chamada de Estrela e é um sinal forte de alta; com ele, temos uma indicação de compra no fechamento do dia posterior ao do Bebê Abandonado de 5 de fevereiro de 2010.

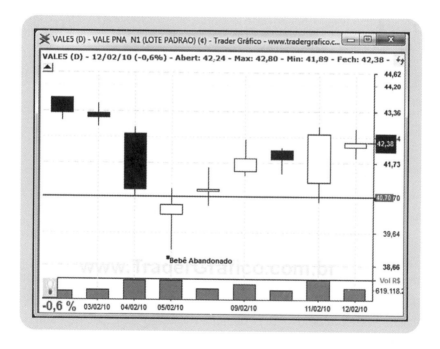

Mais uma vez, para demonstrar a força da figura, veremos a continuação desse gráfico como mostrado a seguir.

Não darei detalhes sobre essa Estrela porque não é o meu objetivo; quero demonstrar que, se ignorarmos as sombras formadas por máximas e mínimas, deixando somente os corpos reais dos *candles* na análise (utilizando apenas os preços de abertura e fechamento), teremos uma formação muito semelhante ao Bebê Abandonado, pois os preços de abertura e fechamento do *candle* de 5 de fevereiro de 2010 estão ambos abaixo de R$40,70, enquanto as aberturas e os fechamentos de seus vizinhos da direita e da esquerda estão acima desse patamar. Convencionaremos, então, que o padrão Bebê Abandonado será formado por *candles* isolados do ponto de vista dos preços de abertura e fechamento, sem utilizar máximas e mínimas. Para reforçar o sinal, teremos apenas uma confirmação extra, que será dada pelo primeiro *candle* antes da figura para confirmar se estamos em tendência de alta ou baixa.

Atenção a este detalhe: minha confirmação será feita com um quarto *candle* no passado, e não no futuro. Dessa forma, não precisamos aguardar por sinais de confirmação nos próximos dias após o padrão aparecer; nós os utilizaremos no mesmo instante em que esse padrão for identificado.

Quando temos a formação de Bebê Abandonado de topo, como no gráfico da Petrobras, comparamos a máxima do *candle* do dia 19 de maio de 2008 com a máxima de 20 de maio de 2008, sendo que, para termos uma confirmação da validade do padrão, a máxima de 20 de maio deve ser maior do que a de 19 de maio. Já no Bebê Abandonado da Vale, com o sinal inverso, nossa confirmação será dada se a mínima do dia 4 de fevereiro de 2010 for inferior à mínima de março de 2010.

Note que essa formação não modifica a classificação do Bebê Abandonado original, mas inclui diversas outras formações, o que facilita seu uso.

Candlestick – Envolvente

Esse padrão consiste em observarmos quando o corpo real de um *candle* possui seu menor preço mais baixo em comparação ao menor preço do *candle* imediatamente anterior a ele, enquanto seu maior preço é maior que o do *candle* anterior. Lembramos que o corpo real de um *candle* é formado apenas por fechamento e abertura, então o maior ou menor preço devem ser abertura ou fechamento, ignorando, mais uma vez, as máximas e mínimas.

A seguir, um exemplo de envolvente de alta:

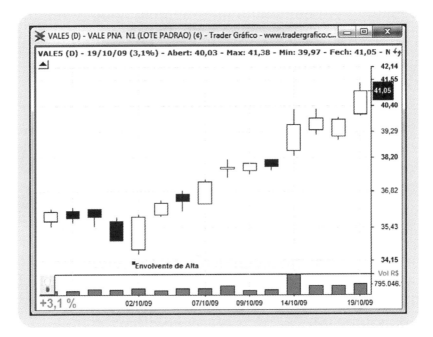

Utilizaremos a mesma confirmação do Bebê Abandonado. Se a mínima do dia 1º de outubro de 2010 for mais baixa que a do dia 30 de setembro de 2009, teremos compra. Neste exemplo, a mínima de 1º de outubro de 2010 é R$34,94 contra R$35,46 em 30 de setembro de 2009.

Não é necessária uma confirmação de volume nessa análise, pois, depois de testar esse padrão com e sem a confirmação de aumento de volume no segundo *candle*, percebi que esse filtro era desnecessário e fazia com que sinais bons fossem desqualificados erroneamente. Neste nosso exemplo, o volume do segundo *candle* foi maior do que o anterior, e isso é o mais comum, porém padrões com volume menor não impedem os preços de seguir a tendência apontada.

Candlestick – Piercing Line / Nuvem Negra

Os padrões Piercing Line e Nuvem Negra são iguais; o que os diferencia é o sentido da operação, pois o Piercing Line é um padrão de alta, enquanto a Nuvem Negra é de baixa. O padrão Nuvem Negra também é chamado por alguns de Tempestade à Vista, ou, em inglês, *Dark Cloud Cover*.

A seguir, podemos observar um padrão Piercing Line confirmado em 3 de novembro de 2009. O *candle* de 29 de outubro de 2009, assim como ocorre nos outros padrões já descritos, só é utilizado para a confirmação do sinal, pois sua mínima é mais alta que a mínima de 30 de outubro de 2009. O nome Piercing Line decorre do fato de o último *candle* (3 de novembro de 2009) cortar o *candle* anterior ao meio, enquanto também é cortado ao meio pelo anterior. Minha interpretação desse padrão é diferente da de outros estudiosos do mercado, e também é mais difícil de ser observada sem a ajuda de um software.

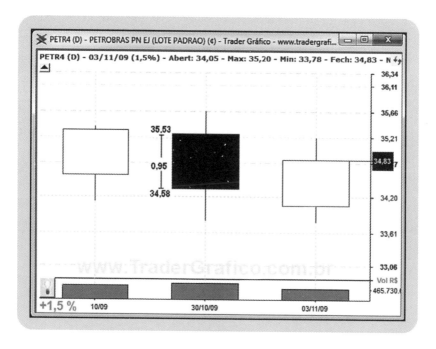

Na minha confirmação do Piercing Line, o último *candle* (3 de novembro de 2009) deve ter seu preço de fechamento acima em pelo menos 25% do tamanho do corpo real anterior, enquanto sua abertura deve ficar abaixo do equivalente aos mesmos 25% desse tamanho. Para ajudar a encontrar sinais nas mais diversas ações, é possível flexibilizar esse número de 25% para 33% ou 50%.

Na imagem anterior, podemos observar no *candle* de 30 de outubro de 2009 os seus preços de abertura (R$35,53), fechamento (R$34,58) e a diferença entre os dois (R$0,95). Aplicando-se a regra de que o fechamento do *candle* posterior deve ficar pelo menos 25% dentro do valor do corpo real desse *candle*, devemos aplicar 25% a R$0,95, o que resulta em R$0,24. Somamos esse valor ao fechamento de R$34,58 e temos o valor mínimo de R$34,82. Assim, se o fechamento de 3 de novembro for maior que R$34,82, temos uma condição do nosso padrão atendida. A outra condição é que a abertura seja menor do que os mesmos 25%, só que abaixo do fechamento da barra anterior; nesse caso, diminuindo R$0,24 dos mesmos R$34,58, teremos o valor máximo de R$34,34 para a abertura do último *candle*. Como esse valor foi de R$34,29, isto é, abaixo do teto estipulado de R$34,34, temos a segunda condição também atendida.

A última condição, já citada, é de que a mínima de 30 de outubro seja menor do que a mínima de 29 de outubro, o que também é atendido, configurando assim o padrão Piercing Line completo com um sinal de compra dado no fechamento do dia 3 de novembro de 2009.

É importante lembrar que não há como fazer essas relações rapidamente a olho nu, é necessária a utilização de um software para auxílio. A relação mais forte neste padrão é a de 50%; utilizar percentuais mais altos encontra padrões ainda mais fortes, porém muito raros. Por outro lado, abaixar o valor para 33% ou 25% mostra sinais mais fracos e em maior quantidade, sendo que abaixo de 25% temos sinais fracos demais, não sendo útil seguir este padrão. Esses percentuais foram escolhidos do resultado da divisão do corpo real do *candle* por 2 (1/2 = 50%), 3 (1/3 = 33%) ou 4 (1/4 = 25%).

Candlestick – 3 em 1

O Candlestick – 3 em 1 é um estudo gráfico automatizado que tem a função de buscar sinais de compra e venda com base única e exclusivamente nos três padrões já citados. Por isso, todos os três padrões que expliquei são passíveis de programação em softwares de análise gráfica, com regras de operação bem definidas e sem ambiguidades.

Com isso em mente, podemos criar um estudo que mostra um sinal de compra sempre que qualquer um dos três padrões der compra e exibir sinais de venda sempre que qualquer um dos três padrões der venda. Os padrões são o Bebê Abandonado, Envolvente e Piercing Line/Nuvem Negra, segundo as regras descritas nos tópicos anteriores. Como, de todos eles, o único que precisa de parametrização é o Piercing Line/Nuvem Negra, vamos fixá-la em 33% para nosso estudo 3 em 1, mas nada nos impede de parametrizar uma variável diferente, dependendo do gráfico.

A seguir, um gráfico de VALE PN sinalizado com compras e vendas apenas pelo estudo Candlestick – 3 em 1. Sempre que o estudo der uma "pontada" para cima, temos um sinal de compra em algum padrão; no gráfico, essa pontada é representada com a seta para cima. Quando a sinalização de compra já foi dada, mesmo que novas pontadas sejam vistas no estudo, elas não são marcadas no gráfico. Já quando as pontadas são para baixo, temos um sinal de venda em qualquer um dos três padrões. Da mesma forma, no gráfico temos uma seta para baixo sinalizando a venda na primeira pontada para baixo após o sinal de compra.

4. ESTRATÉGIAS DE OPERAÇÃO

DAY TRADE: BOAS PRÁTICAS

QUANDO FALAMOS EM DAY TRADE, ou seja, operações que são iniciadas e terminadas no mesmo dia, precisamos ter consciência de que muitas variáveis interferem, variáveis que simplesmente não existem em gráficos diários, semanais e mensais. Entre elas estão períodos dentro do dia em que a negociação cai – como na hora do almoço –, os períodos de indefinição –, como logo após a abertura –, e microtendências criadas por investidores grandes que podem atrapalhar sua estratégia. Por tudo isso, a seguir estão algumas regras de boas práticas para Day Trade. Preste atenção a elas.

Escolha de estudos:

- Sempre utilize suporte e resistência, relações de Fibonacci e a figura Triângulo, que é muito boa nesses casos e será tratada a seguir em detalhes para operações em gráficos de um minuto de minicontratos de Ibovespa futuro;

- Utilize as retas do Ponto de Pivot se estiver operando com gráficos Intraday de cinco minutos ou menos, pois elas são um forte patamar de suporte e resistência e não devem ser negligenciadas;

- Utilize o cruzamento de Médias Móveis, pois em gráficos rápidos e operações curtas esses sinais são bastante úteis;

- As Agulhadas têm a característica de antecipar sinais, por isso no day trade de operações rápidas, antecipar em alguns minutos sua decisão pode ser a diferença entre o lucro e o prejuízo;

- Nunca deixe de olhar as Bandas de Bollinger, pois saber os padrões de desvio padrão ajuda muito na hora de decidir; se possível, utilize-as com um valor alto, como o de 56 períodos, pois assim elas filtrarão melhor os sinais falsos;

- E, por último, utilize o Movimento Direcional (DMI) em 20 períodos. Preste muita atenção à linha do ADX: sempre que ela estiver alta e começar a cair, significa que a tendência chegou ao fim (seja de alta ou de baixa), então redobre a atenção nas operações em andamento nesse momento.

Riscos e montantes:

- Calcular a média simples das últimas 21 barras de volume. Utilizar no máximo 10% em dinheiro dessa média, ou seja, se a média de volume em reais das últimas 21 barras foi de R$1 milhão por barra, utilize no máximo R$100 mil em suas ordens. Isso evita que você tenha dificuldades para entrar e sair da operação (o que pode causar prejuízo), além de evitar que você mesmo dê tendência ao gráfico, alterando o preço sempre contra sua estratégia.

Em geral, não se opera com mais de 20% do seu capital total em uma única operação. Faz-se exceção àqueles que operam com pouco dinheiro: nesse caso, a regra fica inviável, o que aumenta o risco de sua estratégia geral. Se operar alavancado (com mais dinheiro do que você depositou), não ultrapasse 10% do seu capital total nessas operações.

Essas recomendações visam à proteção de seu capital como um todo, e não apenas de uma operação isolada em andamento.

Day Trade: Exemplo

A seguir, um exemplo operando Day Trade em gráficos de um minuto (mas pode ser usado em gráficos maiores, como 5, 6 ou 10 minutos). Escolhemos o minicontrato de Ibovespa futuro para fazer a demonstração, por ser bastante volátil.

Observe nesse gráfico de um minuto de WINM10 do dia 21 de maio de 2010 que dez figuras Triângulo foram formadas; destas, sete deram lucro e três deram pequenos e controlados prejuízos. Detalharemos algumas delas a seguir.

Escolhemos o triângulo por ser uma figura segura: se estiver correta, ela nos levará a um bom lucro; se estiver errada, ela nos apontará rapidamente a saída, impedindo que os prejuízos cresçam. Analisemos os primeiros dois triângulos do dia.

ESTRATÉGIAS DE OPERAÇÃO • 119

A primeira compra do dia ocorre às 9h39, quando um *candle* rompe a linha superior do triângulo e fecha a 58.565 pontos. Nove minutos depois, às 9h48, o preço bate na primeira projeção em 58.800 pontos (esse ativo varia de cinco em cinco pontos), com um lucro bruto de 0,4%. Como estamos operando minicontratos futuros, podemos alavancar a operação várias vezes, neste caso usaremos cinco vezes, ou seja, depositamos em dinheiro apenas 20% do volume que estamos comprando e vendendo. Se multiplicarmos o lucro pela nossa alavancagem máxima, só nesses nove minutos teremos 2% de lucro bruto (0,4% multiplicado por cinco). Refiro-me a lucro bruto porque, desse valor, deve-se descontar a corretagem e o imposto de renda. No segundo triângulo, recebemos um sinal de venda a descoberto às 10h03, quando um *candle* fechou rompendo a linha de baixo do triângulo, em 58.710 pontos. Apenas três minutos depois, recebemos o sinal inverso de compra para fechar a posição no objetivo de 58.465 pontos; nessa operação, geramos mais 0,4% de lucro, ou 2% de lucro usando a alavancagem que esse mercado permite.

Mas o dia continuou. Em seguida, mais dois triângulos montados na sequência.

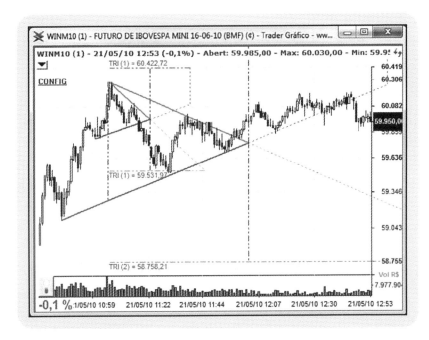

Um triângulo pequeno emite mais um sinal de venda a descoberto às 11h19 em 59.880. Onze minutos passam até que o preço bata novamente no objetivo e gere compra a 59.530. Dessa vez, o lucro foi de 0,58%, ou 2,9% usando alavancagem. A essa altura, já estávamos dentro de um triângulo maior, que gerou um sinal de compra com um rompimento quase no final da figura, às 11h58 em 59.875 pontos. Esse triângulo era bem maior e tinha uma projeção bastante otimista, porém não chegou a cumprir a projeção inteira e, 48 minutos após o sinal de compra, às 12h46, tivemos um fechamento de *candle* rompendo a linha de tendência pontilhada em 60.105 pontos, marcando a venda e o final dessa operação. Mesmo assim, tivemos 0,38% de lucro, ou 1,9% na alavancagem.

As operações continuaram durante o dia, como já mostrado no começo deste exemplo, porém, apenas entre 9h39 e 12h46, pouco mais de três horas de negociação, tivemos quatro triângulos e 8,8% de lucro alavancado. Dando um exemplo prático, se estivéssemos operando somente um minicontrato no valor aproximado de R$11.800 (os minicontratos têm apenas 20% do valor de um contrato inteiro), teríamos de utilizar apenas R$2.360 de depósito em dinheiro na operação (usando a regra de cinco vezes de alavancagem, atualmente as corretoras permitem que se utilize valores bem menores de depósito e em alguns casos pode-se alavancar mais de 30 vezes), gerando um lucro bruto de R$207, cerca de 85% desse valor já livre de corretagem. O imposto de renda é pago mensalmente, então é preciso juntar todas as operações do mês, abatendo os prejuízos dos lucros, para poder calculá-lo.

O que quero dizer é que vale a pena fazer isso. Só é necessário para o investidor ter um bom software de análise técnica que o ajude a identificar os triângulos e uma boa corretora que forneça um sistema de negociação estável e de operação ágil. A partir de então, o lucro depende de disposição e tempo para operar, e se o investidor utilizar um volume financeiro maior do que neste exemplo, conseguirá também ganhos mais expressivos.

SWING TRADE

Em momentos de grande volatilidade na Bovespa, os investidores têm receio de ficar comprados por um longo período de tempo na mesma ação. O medo comum a todos é que os preços caiam rapidamente e levem o lucro com eles.

O estilo de comprar e ficar meses esperando as ações valorizarem tem um nome: Position Trade. Muitos investidores que não conseguem ter toda essa paciência mudam de estratégia e operam comprando e vendendo suas ações sempre dentro do mesmo dia. Dessa forma, não estão sujeitos aos humores de abertura e fechamento do mercado. Esse tipo de operação, que começa e termina no mesmo pregão, chama-se Day Trade.

Porém, o Day Trade requer uma dedicação quase religiosa, o que afasta muitos daqueles que não podem (ou não querem) passar o dia acompanhando o pregão. Se você não quer ficar meses esperando os resultados, mas também não quer viver apenas para operar, há um terceiro método que vem ganhando muitos adeptos: o Swing Trade.

É uma operação mais longa que o Day Trade, porém mais curta que a Position Trade. Ela é caracterizada por sua duração, de 2 a 15 dias, dando mais tempo para o investidor fazer suas análises, ao mesmo tempo em que aumenta o ganho esperado em cada operação.

Por exemplo, enquanto no Day Trade espera-se lucrar 1% em média por operação (operando ações na Bovespa), no Swing Trade espera-se de 5% a 10%. O estilo de operação também é mais tranquilo, utilizando gráficos diários ou Intraday de 30, 60 ou 90 minutos, em vez dos rápidos Intraday de 1, 2 e 3 minutos do Day Trade. Essa modalidade só não é recomendada para gráficos de índices e mini-índices futuros, em que o Day Trade, como mostrado no tópico anterior, rende muito bem e o Swing Trade perde vantagem, com os contratos desvalorizando com o passar dos dias (e com alavancagem mais baixa para Swing-Trade).

Outro ponto favorável é a tributação que incide nesse tipo de operação. Além de contar com o limite de isenção de imposto de renda de R$20 mil por mês (apenas para ações), o investidor conta com uma alíquota de 15% de imposto de renda, enquanto o Day Trade tem alíquota de 20% sobre os lucros.

Até 2007, era preciso esperar mais de um mês para conseguir ganhos de 10%, o que levava a maioria dos investidores avessos a risco a praticar o Position Trade. Atualmente, com a maior volatilidade dos mercados, esse mesmo ganho é possível na metade do tempo; por isso muitos investidores estão se dedicando ao Swing Trade.

Método CM para Swing Trade

Método CM quer dizer Método Carlos Martins. Eu o ensino em um curso para investidores avançados, e pela primeira vez publico seu conteúdo. Tenho predileção por gráficos de empresas ditas Blue Chips (termo trazido do jogo de pôquer, no qual as fichas azuis, as *blue chips*, são as mais valiosas), ou seja, as mais negociadas da bolsa, como Petrobras e Vale. Esse tipo de ação evolui em tendências de alta e de baixa muito rapidamente, mas também pode ficar meses enclausurada entre dois patamares de preço fixos. Para poder operar nesses períodos enclausurados, em que o curto prazo é o que importa, desenvolvi uma técnica de Swing Trade que permite operar comprado em microtendências de alta e operar vendido coberto em *opções de compra* (no caso de Petrobras e Vale) ou a descoberto (alugar ações no mercado e depois vendê-las) em microtendências de baixa. Nada impede que esse método seja utilizado para operar vendido a descoberto em *opções de compra* nas microtendências de baixa, desde que o investidor entenda que isso é um risco aceitável (e alto) dentro de seu portfólio. Particularmente, não recomendo que se faça isso.

Como uma receita de bolo, essa técnica é a junção de vários estudos e experiências, os quais explicarei de forma detalhada. Todos os estudos a seguir já foram abordados neste livro, portanto recomendo que os releia com atenção antes de prosseguir. Começaremos com os ingredientes do bolo, isto é, os estudos que farão parte do método:

1. *Gráficos diários de candles* das ações escolhidas (lembre-se de que devem ser Blue Chips, de preferência Petrobras ou Vale, por terem mais opções de negociação);

2. *Linhas de tendência* de curtíssimo prazo, que, no nosso caso, serão traçadas utilizando-se como base o estudo *Topos e Fundos* (este deve ser configurado com o parâmetro *um*, ou seja, uma máxima mais alta e duas mais baixas para topos, ou uma mínima baixa e duas mais altas para fundos);

3. O estudo *Parabólico SAR*, configurado com os parâmetros *0,02 (passo)* e *0,2 (máximo)*;

4. O estudo Estocástico Rápido, configurado com o parâmetro de 20 períodos, sobrecompra em 75% e sobrevenda em 25%.

Segue um exemplo de como ficará configurado o nosso gráfico antes de começarmos a análise:

Como já mencionado, uniremos os fundos ascendentes, formando linhas de tendência de alta (LTA), e unir os topos descendentes, formando linhas de tendência de baixa (LTB). O resultado será a figura a seguir:

Nessa figura, as LTAs são as retas que ficam abaixo dos *candles* de preço, enquanto as LTBs são aquelas que ficam acima dos mesmos *candles*. Há ainda flechas que indicam o rompimento das linhas de tendência e o valor do fechamento do *candle* onde isso ocorreu.

Ainda não estamos analisando esse gráfico; até aqui, estamos apenas preparando tudo para poder utilizar a técnica do *Método CM*. Agora vamos às regras que devem ser observadas para finalmente, utilizar o método:

Regras de entrada (comprado ou vendido a descoberto):

- Se houver dois fundos ascendentes nos *candles*, seguidos de compra no Parabólico e compra no Estocástico Rápido = COMPRA.

Na figura a seguir, podemos ver dois exemplos de compra.

A primeira compra ocorreu no dia 9 de setembro, a R$32,15, quando havia dois fundos ascendentes confirmados e o Parabólico estava comprado, assim como o Estocástico Rápido. A venda que fecha essa operação ocorreu no rompimento da linha de tendência de alta, criada pela união dos dois fundos usados na interpretação, ou seja, no dia 23 de setembro, a R$33,37. Nessa operação, ficamos dez dias comprados e tivemos um ganho bruto de 3,7%.

A segunda compra ocorreu no dia 9 de outubro (12 dias após a venda anterior), a R$34,92, quando mais uma vez havia dois fundos ascendentes confirmados e o Parabólico estava comprado, assim como o Estocástico Rápido. A venda dessa operação ocorreu no rompimento da linha de tendência de alta criada pela união dos dois fundos usados na interpretação, isto é, no dia 23 de outubro, a R$35,78. Nessa operação, ficamos nove dias comprados e tivemos um ganho bruto de 2,4%.

Se o Parabólico ficar vendido no meio de nossa operação, emite um sinal de venda válido e que deverá ser seguido, ou seja, o investidor deverá fechar a operação. Em geral, o rompimento da linha de tendência ocorre antes, mas nem sempre é assim; no próprio exemplo anterior, na segunda compra o rompimento da LTA ocorreu apenas um *candle* antes do sinal de venda no Parabólico. Se não houvesse o rompimento da LTA, a venda seria, nesse caso, pelo Parabólico.

Esses ganhos podem parecer pequenos à primeira vista, porém não são. Levando-se em consideração o baixo risco da operação por causa dos diversos crivos e o fato de que os 6,1% de retorno em apenas 19 dias úteis levam quase um ano para serem ganhos em outras aplicações, como a poupança, nosso método é bem lucrativo. Ainda mais porque permite que se utilize um volume financeiro bem alto em cada operação, o que não é possível em Day Trade, por exemplo. Mas ainda não acabamos. Exploraremos outras possibilidades do método.

- Se houver dois topos descendentes nos *candles*, seguidos de venda no Parabólico e venda no Estocástico Rápido = VENDA A DESCOBERTO.

Vejamos o exemplo inverso: uma venda que ocorreu no dia 12 de novembro a R$18,87, quando havia dois topos descendentes confirmados: o Parabólico estava vendido, assim como o Estocástico Rápido. A compra dessa operação ocorreu no rompimento da linha de tendência de baixa, criada durante a queda, mais inclinada do que a inicial formada pela união dos dois topos usados na interpretação. Ou seja, a compra para encerrar a posição foi feita no dia 24 de novembro a R$17,69. Nessa operação, ficamos sete dias vendidos a descoberto e tivemos ganho bruto de 6,7%.

Aqui usamos uma técnica de maximização de lucros. Se a linha de tendência inclinar mais durante a operação, abandonamos a linha de tendência original e seguimos a nova, mais inclinada e por isso mais lucrativa. Isso visa sair da operação em seu ponto máximo de lucro, mas ainda com técnica.

Neste exemplo, já podemos visualizar um terceiro tipo de operação possível com o Método CM, a Inversão de Operação. Essa terceira regra funciona tanto nas compras como nas vendas a descoberto, e consiste em:

- Se o sinal de saída for dado pelo rompimento de uma linha de tendência, observe a distância entre esse rompimento e o Parabólico. Às vezes o Parabólico ainda está distante da linha de tendência já rompida (em torno de 10%), e nesses casos vale a pena abrir uma operação no sentido inverso, aguardando o toque no Parabólico.

Se o investidor estiver comprado, o rompimento da linha de tendência marcará uma venda. Caso o Parabólico esteja em torno de 10% abaixo desse preço de venda, cabe uma nova operação de venda a descoberto, que será fechada com uma nova compra quando o preço chegar ao Parabólico. Para operações vendidas a descoberto, o rompimento marca uma compra que será fechada também quando o preço chegar ao Parabólico.

Observe a figura anterior. Quando há o rompimento de R$17,69, o Parabólico ainda está bem acima das barras, mais precisamente 9,6% acima, a R$19,66. Dessa forma, faremos uma compra a R$17,69 e ficaremos esperando o preço encontrar o Parabólico para vender, o que ocorre apenas dois *candles* depois, como podemos ver no detalhe a seguir.

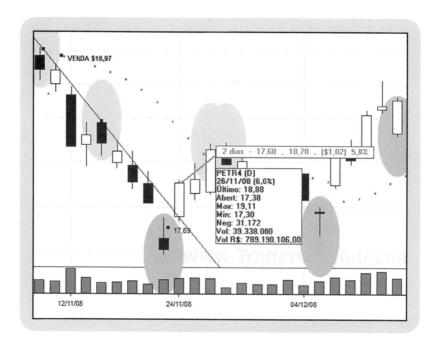

O mais importante para entendermos a operação de inversão é que ela não está atrelada à primeira operação, isto é, se o investidor não fez a venda a descoberto porque perdeu o sinal, ou porque a confirmação do gráfico acabou chegando atrasada, isso não o impede de entrar apenas na inversão. Neste exemplo, uma compra a R$17,69 no dia 24 de novembro, seguida de uma venda a R$18,70 em 26 de novembro, gerou um lucro bruto de 5,7% em apenas *dois dias*.

Nossa quebra de paradigma aqui é o uso do Parabólico no sentido contrário, pois no caso anterior, quando o Parabólico está acima dos *candles* de preço, seu disparo representaria uma *compra*, mas nós fizemos uma *venda*. E isso está correto: fizemos uma venda porque aproveitamos uma característica do próprio Parabólico. Por ser um estudo de STOP móvel, tende a acelerar os cálculos do STOP dia após dia, com o intuito de pegar os preços bem no final da tendência. Como pegamos o final da tendência antecipado com o rompimento da linha de tendência, observamos que o Parabólico estava atrasado e pudemos fazer a operação contra ele. Por isso deve-se esperar que haja uma distância de 10% do ponto de entrada até o Parabólico, pois sabemos que ele ainda vai acelerar seu movimento e se encontrar rápido com os preços. Então, seguimos "na contramão" e usamos essa corrida final para ter lucro.

Vejamos outro exemplo de inversão de operação, mas agora no sentido contrário, com uma venda a descoberto.

No exemplo a seguir, temos a flecha para cima marcando R$28,69 (dia 29 de abril) no rompimento de uma LTB, mas não temos dois fundos ascendentes nem temos um Parabólico comprado. Quando todos os nossos sinais ocorrem, já estamos em 11 de maio, ou apenas um *candle* antes do rompimento de venda a R$31,71. É possível notar que o *candle* desse dia já está rompendo nossa LTA, embora o fechamento tenha sido acima da reta. Nesse caso, não há motivos para fazer uma compra, já que o sinal de venda é iminente (e o de compra está nitidamente bastante atrasado), mas podemos fazer uma venda a descoberto na confirmação do rompimento, que ocorre no dia seguinte, 12 de maio, a R$31,21, como está marcado no gráfico. O objetivo de ganho até o Parabólico é de 7%, até R$ 29,01.

Estratégias de Operação • 133

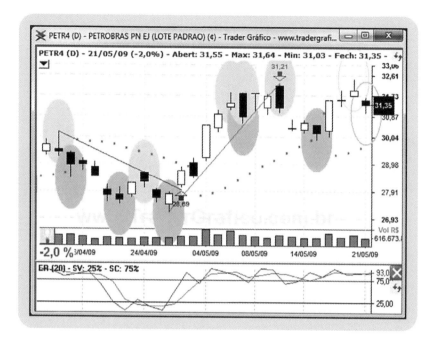

Ao realizar a venda, o Parabólico encontra o preço apenas três dias depois, em 15 de maio, a R$29,97. O ganho bruto dessa operação foi de 4%. Aqui cabe mais uma observação importante: a distância que medimos do rompimento até o Parabólico é apenas um parâmetro inicial de decisão, pois sabemos que ela diminuirá com o passar dos dias, e por isso mesmo só realizamos operações quando essa distância está próxima de 10% ou maior. A seguir, temos uma imagem dos pontos de venda e compra de nossa operação, marcados pela reta descendente que vem após a flecha para baixo.

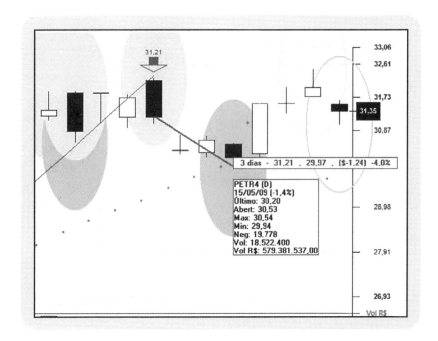

Além de tudo isso, podemos utilizar essa técnica como base para fazermos lançamentos cobertos de *opções de compra*. Se o investidor possuir ações em carteira que não deseja vender e estas têm *opções de compra* com liquidez no mercado (como é o caso das ações da Petrobras e da Vale), pode usar os pontos de "venda a descoberto de ações", já mencionados, para fazer uma "venda coberta de *opções de compra*". Nesse caso, quando o método indicar a compra para fechar posição, o investidor recompra essas opções no mercado, anulando a operação anterior e embolsando o lucro gerado, que em geral é alavancado em mais de dez vezes em relação à variação observada no gráfico da ação.

Não recomendo que se faça isso para abrir posições compradas em *opções de compra*, pois o tempo corre contra essas operações e é comum o investidor terminar com prejuízo. Mas na venda coberta ocorre o oposto: o tempo é favorável ao vendedor (chamado lançador) das *opções de compra* e o método tem grandes chances de ser lucrativo.

ALTERNATIVAS PARA RENTABILIZAR CARTEIRAS

Após a crise do sistema financeiro mundial, que se aprofundou em outubro de 2008, muitas pessoas que recorriam a derivativos para rentabilizar suas carteiras de ações começaram a pensar em outras formas de fazê-lo.

Financiamento com opções, proteção de carteira com minicontratos de Ibovespa futuro, vendas a descoberto e operações de curta duração são satisfatórios em mercados em baixa de curta duração. Porém, apresentam muitos custos que podem não valer a pena quando o mercado fica em baixa por muito tempo, obrigando os investidores a rolarem posições ou as encerrarem com prejuízos danosos às suas carteiras.

Nesse momento em que todos colocamos os pés no chão, nos chama a atenção uma forma de operar que era muito usada antes de os derivativos e os "produtos" financeiros serem tão abundantes. O chamado "giro de carteira", ou a negociação simples de ações com compras e vendas sequenciais dos mesmos papéis visando aproveitar as oscilações de mercado, tem rentabilizado e protegido muitas carteiras de profissionais e investidores pessoais.

A regra de negociação é simples: monta-se uma carteira de ações seguindo os critérios designados pelo próprio investidor. Por exemplo: uma carteira de pagamento de dividendos. As ações que a compõem devem ter por característica serem boas pagadoras de dividendos, mas mantendo uma boa liquidez de mercado, podendo ser negociadas a qualquer momento.

O investidor que monta uma carteira desse tipo é chamado de conservador, pois em tese não precisa especular com suas ações; apenas as segura e recebe os dividendos pagos periodicamente. Ocorre que uma baixa muito forte no mercado pode não afetar diretamente o volume dos dividendos recebidos, mas afeta o patrimônio contábil do investidor, uma vez que a carteira poderá ser desvalorizada significativamente durante o período de baixa.

Nesta hora, podemos aliar a análise técnica a uma gestão eficiente e inteligente de seu patrimônio. Os papéis que pagam dividendos o fazem em datas específicas (alguns dias do ano); fora dessas datas, o investidor pode vender suas ações no mercado e, em seguida, recomprá-las (desejando um preço menor) sem perder o direito aos dividendos.

Esse tipo de operação consiste em aplicar uma estratégia de negociação de mercados de baixa denominada "venda a descoberto" em sua carteira, o que transforma a venda em uma venda coberta, eliminando o risco e os custos envolvidos em operações que necessitam de garantias, além dos ativos que são objetos da operação.

Pense da seguinte forma: se você não possuísse as ações em carteira, ao identificar um mercado de baixa, teria a possibilidade de vender ações a descoberto para especular nesse período. Como você, em nosso exemplo, possui ações em uma carteira, pode vender aquelas que não estiverem em época de pagamento de dividendos, recomprando-as pouco tempo depois no mercado por um valor mais baixo e embolsando a diferença em dinheiro. Para essa operação, pagam-se os custos baixos de operações de home broker e sem a necessidade de envolver você e sua instituição em uma operação de risco mais elevado.

Não podemos esquecer que, embora os riscos sejam menores em uma operação simples desse tipo, não são nulos. O investidor deve fazer uma análise do mercado e da ação que deseja operar antes de tomar a decisão, sabendo que há o risco de que a ação suba em vez de cair, acarretando prejuízo na recompra. Mas, uma vez identificada uma oportunidade de venda, esse método permite que o investidor seja conservador e especulador ao mesmo tempo, recebendo os dividendos de suas ações (para o exemplo citado aqui) e também ganhando com a especulação de curto prazo nos mercados de baixa ou em correções dos mercados de alta.

Minha dica é para que, uma vez feita a venda, o investidor já tenha em mente um preço de recompra fixo e rápido, sem ficar esperando por sinais de que a baixa terminou. Em tais casos, queremos rentabilizar mais a carteira sem correr muitos riscos; por isso não é interessante ficar apostando na tendência de baixa até o seu final. É muito comum que essa operação de venda seja até mesmo um Day Trade, em que o investidor vende suas ações no começo do dia e as recompra no final, pois estava percebendo que seria um dia de baixa. Este último caso pode ser feito inclusive em dias de pagamento de dividendos, pois se o pregão terminou com as ações dentro de sua carteira, não importa se você as negociou durante o dia: todos os direitos de posse dela ainda são seus.

Essa estratégia não é exclusividade de carteiras como a citada neste exemplo: pode ser aplicada em qualquer carteira que tenha ativos com liquidez, ou seja, que possam ser negociados no mercado a qualquer momento.

DA TEORIA À PRÁTICA

GOSTARIA DE FINALIZAR ESTE LIVRO fazendo um convite aos leitores: partam para a prática. Após ler sobre técnicas de negociação, minhas e de outros estudiosos, conceitos de mercado e dicas de aumento de rentabilidade, será necessário o início dos investimentos para que a teoria aqui ensinada seja consolidada em seus próprios métodos.

Recomendo que o investidor faça um diário de suas operações em bolsa. Isso mesmo, um diário. Nele, deixará por escrito, diariamente, seus motivos e suas emoções ao fazer compras e vendas no mercado. Ao final de cada mês, o texto escrito no momento em que o mercado se formava deve ser relido; assim o investidor poderá comparar sua atual opinião sobre suas operações passadas com a realidade vivida na época. Esse contraste o levará a evoluir com muito mais rapidez no mercado, pois o forçará a enxergar os erros e acertos de cada operação, incentivando-o a repetir os acertos, assim como eliminar os erros nas operações futuras.

Quando operamos em bolsa, devemos sempre lembrar que o mercado foi criado para permitir aos investidores ter lucro e liquidez. A maioria das pessoas no mercado opera com pouca ou nenhuma técnica. O simples fato de o investidor procurar aprender sobre o tema em livros e cursos já o coloca à frente da massa de investidores. Saiba que isso é verdade e construa em sua mente pensamentos vencedores.

É muito comum que o investidor tenha uma leitura correta do mercado mas na prática opere contra suas opiniões simplesmente por não estar seguro delas. Isso destrói sua autoestima e o impede de ter lucro, pois não consegue manter operações lucrativas nem interromper operações perdedoras, segurando prejuízos pequenos até que fiquem enormes. Confie em si mesmo.

Não procure nos gráficos um motivo para fazer aquilo que lhe passa na cabeça; utilize-os apenas para encontrar os sinais de compra e venda. Muita gente tem o famoso "palpite" sobre determinada ação. Como um palpite é sempre um palpite, as pessoas recorrem a gráficos, fundamentos da empresa, analistas de mercado, amigos, parentes ou à internet para encontrar alguma confirmação da sua vontade.

Quem procura normalmente acha, então ele aguarda o dia seguinte e executa uma operação com base no palpite original, já que algum sinal de confirmação apontou que aquilo estava correto. *Isso é um erro.* Escolha as empresas que vai operar e sempre procure os sinais no gráfico. Um sinal técnico de compra deve incentivá-lo a fazer uma compra – simples assim. Ficar procurando nos gráficos algum sinal que aponte para sua vontade é a fonte da maioria dos prejuízos, pois a bolsa não é um cassino, não é casa de apostas e não se movimenta de acordo com seu palpite. Ela se movimenta com a vontade da maioria dos investidores; portanto, sempre siga a maioria, ir contra o mercado é sinônimo de perda.

Costumo comparar a operação na bolsa com surfar. Se uma pessoa nunca entrou no mar com uma prancha de surfe, sabe que não deve fazê-lo pela primeira vez se o mar estiver agitado e com ondas grandes. Ela vai procurar um mar calmo, ondas pequenas e provavelmente um instrutor para lhe ensinar os primeiros fundamentos, e com o tempo vai evoluindo para outras praias. Porém, na bolsa, ocorre o oposto. As pessoas se lançam ao mercado de forma destemida, nos ativos mais arriscados, e não raro sob pressão da necessidade de fazer o dinheiro render rapidamente. Ver um "mar de dinheiro" todos os dias e não sonhar com suas possibilidades não seria humano. As pessoas fazem projeções e planos com o dinheiro que "poderiam" ganhar se tivessem feito essa ou aquela operação. Olham a mínima de um dia e a máxima do outro para fazer projeções de quanto ganharão quando aprenderem a "domar" o mercado. Tudo isso é normal e todos passam por isso; eu disse *todos*. Só que isso é uma fase, ela passa, precisa passar, porque durante o tempo perdido com projeções no passado, operações no presente são esquecidas e o futuro nunca chega. Portanto, pare de imaginar e comece a operar: a prática leva à perfeição. Quando o investidor já estiver maduro, fará bom uso de sua imaginação, criando metodologias de operação racionais, que buscam o lucro possível, e não o desejado.

A bolsa é um local para maximizar lucros, ou seja, se o investidor tem pouco dinheiro, ganhará uma quantia baixa em suas operações; se tem muito, ganhará uma quantia alta. Na bolsa, é possível ficar rico, mas raramente no curto prazo. De modo geral, no curto prazo, o investidor vai potencializar seus rendimentos, ganhando muito mais do que na poupança ou na renda fixa, e a soma de seus rendimentos anuais construirá um patrimônio sólido e grande, como muitos desejam.

Difícil? Não, mas precisa ter disciplina. Para provar isso, darei um exemplo. Uma pessoa que guarda R$250 por mês na poupança, recebendo, digamos, 0,5% ao mês de juros durante 20 anos, teria ao final do período aproximadamente R$115 mil. Agora, pensem em todas as pessoas que fazem parte do seu dia a dia, que já trabalharam por mais de 20 anos e que poderiam com sua renda guardar R$250 por mês. Elas possuem, ou já possuíram, os R$115 mil em dinheiro? A maioria não. Isso ocorre porque não pensamos no amanhã; deixamos o amanhã para o futuro e gastamos todo o nosso dinheiro hoje, até o último centavo. Só que o futuro, o amanhã, depende da decisão de hoje. Suas decisões mudam a sua vida; seus objetivos mudam seu destino. Você faz seu destino: pense em centavos e ganhará centavos, pense em milhões e ganhará milhões. A decisão é sua.

BOA SORTE EM SEUS INVESTIMENTOS
E EM SUAS DECISÕES. TODO O RESTO
DEPENDERÁ DELES.

ÍNDICE

A

Agulhadas, 116–138
Agulhadas - Didi Index, 57–78
Alternativas para Rentabilizar
    Carteiras, 135–138
Análise Técnica, 104–114

B

Bandas de Bollinger, 60–78
Bolsa de Valores, 60–78

C

Charles Henry Dow, 13
    Teoria de Dow, 13

D

Derivativos, 135–138

E

Especulação, 4–10
Estocástico, 71–78
    Lento, 72–78
    Rápido, 72–78
Estratégias de Operação
    Day Trade: Boas Práticas,
      115–138
    Day Trade: Exemplo,
      117–138
    Método CM para Swing
      Trade, 124–138
    Riscos e montantes, 117–
      138
    Swing Trade, 122–138

F

Fibonacci, 45–56
    Número de Ouro, 46–56
    Phi, 46–56
    Sequência de Fibonacci,
      45–56

Figuras, 26–56
    Bandeira ou Flâmula, 28–56
    Linha de Pescoço, 31–56
    Ombro-Cabeça-Ombro, 31–56
    Ombro-Cabeça-Ombro-Invertido, 31–56
    Retângulo, 29–56
    Triângulo, 26–56
fundos de investimento, viii–10

G

GAPs, 62–78
    GAP Comum, 64–78
    GAP de Continuidade, 65–78
    GAP de Corte, 64–78
    GAP de Exaustão, 66–78
    Ilha de Reversão, 67–78

I

Ibovespa, 116–138, 135–138
Ibovespa Futuro, 116–138
Índice de Força Relativa, 43–56
Intraday, 62–78
IPO, 4–10

L

Lucro, 4–10

M

MACD, 38–56
    Histograma MACD, 41–56
    Linha Sinal, 38–56
Médias Móveis, 34–56
    Exponencial, 34–56
    Simples, 34–56
Mercado Primário, 4–10
Mercado Secundário, 4–10
Minicontratos, 135–138
Movimento Direcional, 69–78, 116–138
    ADX, 69–78
    DI-, 69–78
    DI+, 69–78

P

Parabólico SAR (Stop and Reverse), 75–78
Ponto de Pivot, 51–56
Prejuízo, 22–56

S

STOP, 53–56
Supercandlesticks - Três Padrões
  de Alto Desempenho, 101–114
    Bebê Abandonado, 104–114
    Envolvente de Alta e de
      Baixa, 104–114
    Estrelas de Alta e de Baixa,
      104–114
    Nuvem Negra, 104–114
    Piercing Line, 104–114
Supersinais, 79–114
    Acumulação Estatística,
      87–114
    O Supersinal, 84–114
    Superacumulação
      Estatística, 89–114
    Super MMS - Diário,
      98–114
    Super MMS - Gráficos
      Intraday, 91–114
    Super MMS - Gráficos
      Semanais, 94–114
Suporte e Resistência, 24–56
    Linha de Tendência de Alta,
      24–56
    Linha de Tendência de
      Baixa, 24–56

T

Teoria de Dow, 17–56
  Acumulação, 17–56
  Distribuição, 17–56
Tomada de Decisão, 80–114
Topos e Fundos, 24–56

V

Venda a Descoberto, 129–138

CONHEÇA OUTROS LIVROS DA ALTA BOOKS

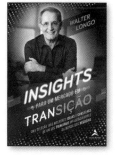
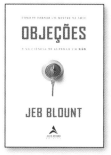

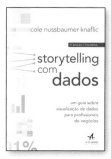

Todas as imagens são meramente ilustrativas.

CATEGORIAS
Negócios - Nacionais - Comunicação - Guias de Viagem - Interesse Geral - Informática - Idiomas

SEJA AUTOR DA ALTA BOOKS!

Envie a sua proposta para: autoria@altabooks.com.br

Visite também nosso site e nossas redes sociais para conhecer lançamentos e futuras publicações!

www.altabooks.com.br

ALTA BOOKS
EDITORA

/altabooks • /altabooks • /alta_books

Impressão e Acabamento | **Gráfica Viena**

www.graficaviena.com.br